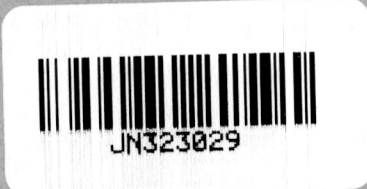

|自然|産業|資源・エネルギー|生活・文化|人口|

地図化すると世の中が見えてくる

伊藤智章
Ito Tomoaki

ベレ出版

はじめに

インターネットの動画投稿サイトで人気のジャンルに「やってみた」というものがあります。人気グループのステージダンスを「踊ってみた」、楽曲を「弾いてみた」「歌ってみた」、ボーカルソフトで「歌わせてみた」などなど……。多くの視聴者を集めて話題を呼ぶ作品もたくさん投稿されています。本書はいわば地理・地図の世界における「やってみた」というべき内容の本です。

私は普段、高校で地理を教えていますが、教材作りの一環で、パソコンを使って様々なものの「地図化」を試みています。インターネット上には、地図を構成するパーツ（海岸線や道路、標高データや地名等）や統計資料がたくさん揃っています。そうした自作の地図やデータをブログにアップしていたところ、本企画のお話をいただいた次第です。

本書に出てくる地図の多くは、フリーソフトを使って自分で描きました。内容の構成は高校の「地理B」の教科書をなぞっていますが、場所や視点をずらしたり、過去にさかのぼって現在までの変化を表現したり、Google Earthで立体的に表現することで、今の「世の中」に至るプロセスと、空間的な広がり、そして未来への展望を明らかにするように意識しました。

本書で取り上げた地図や原データの多くは、私のブログや本書のサポートサイトからダウンロードできます。「これは面白いな」と思われた地図があれば、ぜひお手元のパソコンやスマホで開いてみてください。学校の先生や学生さんはもちろん、プレゼンや資料作りで地図が必要な方、地図サイトを見るのが好きな方、「読図指導（修行）は紙に限る」という方、いろいろな方に「自分で地図化してみる」ことの楽しさをお伝えできればと思います。

伊藤智章

目次

第1章 地図と地理

01
「地図化する」ということ
地図のはじまりから

情報をわかりやすく伝える手段として「地図」があります。今から約2万年前の旧石器時代の洞窟で見つかった壁画（図1-1）は、獲物が取れる場所を共有した「地図」であるとの説もあります。地図は文字よりもはるかに古いコミュニケーション手段と言えます。

「地図」の本質は、使う人と使う目的がはっきりしていることにあります。

飾って眺めたり、実際にない風景や事象を描き込めば、それは地図ではなくて絵画です。地図は余計なものを描き足さず、むしろ必要な情報のみを取り出して他は思い切って省くことに主眼が置かれてきました。

図1-2は、南太平洋のミクロネシアのマーシャル諸島で古代から20世紀初頭まで使われていた「スティックチャート」（海図）です。椰子の枝を組み合わせ、穴のあいた石や小枝を使って島や航路を示しています。図1-3は、世界史の教科書でもおなじみの、世界最古の粘土板の世界図です。紀元前700年頃のものと言われています。支配者が民衆ないしは戦争で新たに征服した地域の人々に対して自らの地位を示すことが目的なのか、言葉が通じない他民族にもわかるように、海と川、大陸、そして世界の中心がシンプルに描かれています。

情報があふれ返る現代社会では、地図化されることなく消えてゆく情報がたくさんあります。また、せっかく情報を地図化しても、あれもこれもと詰め込みすぎて、かえって見づらくなっている地図もたくさんあります。

地図化されていない情報を地図化して理解すること、情報が詰まりすぎた地図をわかりやすくシンプルに描き直すことが本書のテーマです。地図の原点に立ち戻って、「地図化する」ことの面白さを実感していただければと思います。

◉図 1-1：フランス・ラスコーの洞窟壁画（約 2万年前）〈Wikipedia より〉

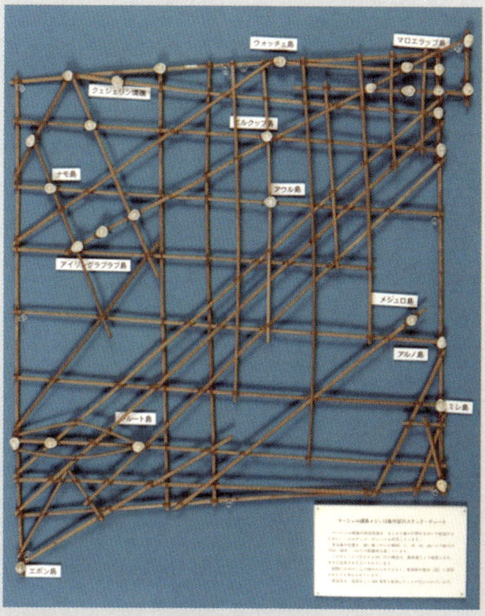

◉図 1-2：マーシャル諸島の「スティックチャート」
船乗りの信頼を得て、古代から 20世紀初頭まで海図として使われていたという〈海上保安庁「海図アーカイブ」より〉

◉図 1-3：古バビロニア帝国の「粘土板世界図」〈Wikipedia より〉
世界の中心に首都、南北に貫流する二本の川（ティグリス川、ユーフラテス川?）、外側を取り巻く二重の円が地中海、その先は野蛮人の世界

02
ベーシックな地図①
地形図

私たちの身の回りには様々な地図がありますが、その中でも歴史が古く、あらゆる国で整備されているベーシックな地図が地形図と地図帳です。

日本で地形図が産声をあげたのは、明治維新直後です。明治2年（1869年）、新政府は民部省に地図掛を置き、翌年から都市の測量を始めました。わずかな準備期間で測量を開始できたのは、伊能忠敬による全国測量（1800～1821年）の実績があり、原版や技術の継承がなされていたためと思われます。

今日につながる「地形図」が初めて刊行されたのは明治18年（1885年）です。陸軍陸地測量部により「正式2万分の1地形図」が刊行されました。「正式」と銘打っているのは、それ以前（明治13年）から戦略上重要な地域を対象に「仮製図」「迅速図」と言われる地形図が刊行されてきたからです。

古い地形図（旧版地形図）は、デジタル化され、国土地理院（および各地方の陸地測量部）で謄本公布（大型プリンタで印刷して販売）されていますが、パソコンの画面上で旧版地形図を眺めるには、「今昔マップ」が便利です（図1-4）。Webサービス（http://ktgis.net/kjmapw/）では、地形図とGoogle Mapによる現在の地図との比較ができます（図1-5）。ソフトウェア版では、任意の場所の地図を切り取って明治から現代までの地図をGoogle Earthに重ねて見ることもできます（図1-6）。このような使い方ができるのも、歴代の地形図の技師たちが緯度・経度・標高を正確に測って記録してきたからに他なりません。

2万5千分の1地形図は、空中写真測量や電子基準点の観測など、実際のデータをもとに地図が描き起こされるので「基本図」あるいは「実測図」と呼ばれ、他の地図は「編集図」と呼ばれます。今日、巷にあふれている様々な地図やWebによる地図サービスの基本となっているのが2万5千分の1地形図なのです。

●図 1-4：「今昔マップ on the web」トップページ（http://ktgis.net/kjmapw/）

●図 1-5：「今昔マップ on the web」操作画面
▼

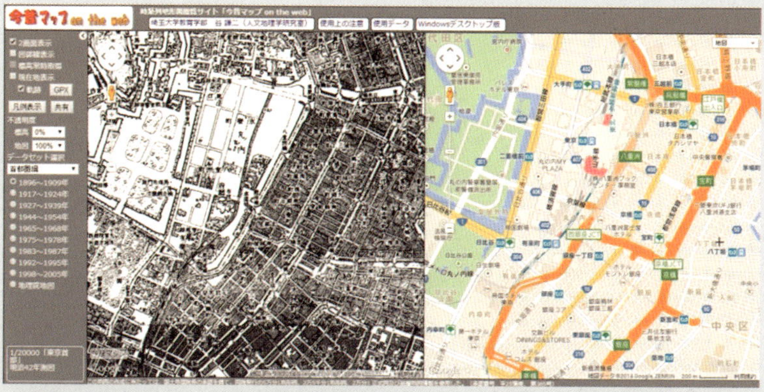

●図 1-6：Google Earth 上に展開した旧版地形図（明治 43年版「京都」）　© Google

03 ベーシックな地図②

地図帳

地図帳のことを英語で「Atlas」(アトラス)と言います。アトラスは、ギリシア神話に出てくる神の1人で、最高神ゼウスとの戦いに敗れ、世界の西の果てで天空を背負わされる刑に処せられました(図1-7)。地図帳を「アトラス」と呼ぶきっかけは、世界地図の図法でおなじみのメルカトルが、自ら出版した地図帳の表紙にアトラス神を描いたためとも言われています。

ヨーロッパやアメリカの学校で使われている地図帳は、アトラス神が背負う地球のごとく、分厚く、重いものが多いです。しかも、教室の後ろに並べられた地図帳を生徒たちが共有して使っています。日本の小中学校では、各自に地図帳が配布されますが、実はとても珍しいことなのです。地図帳がこれほど普及した背景には、今からおよそ100年前、旧制中学校の地理教員から実業家に転じた、次に紹介する人物の功績がありました。

守《もり》屋《や》荒《すさ》美《び》雄《お》(1872 ~ 1938)(図1-8)は、明治5年(1872年)、現在の岡山県倉敷市に生まれました。高等小学校卒業後、地元の小学校で教員をしながら独学で中学校の教員資格を取得した守屋は、東京の旧制獨協中学校(現:獨協中学・高等学校)に赴任し、地理の教員になりました。彼は大学教授の書いた翻訳調の教科書や、分厚い地図帳に飽き足らず、自ら工夫して教材を作り続けます。やがて出版社から教科書の執筆を依頼され、そのヒットを契機に40歳で教員を辞し、執筆活動に専念します。さらに大正6年(1917年)、「自ら書き、自ら出版する」ことを志した守屋は、自ら出版社「帝国書院」を起こしました。

鞄に入れて持ち歩ける軽さ、学齢や教科書の学習内容に合わせた「主題図」、巻末に統計と索引があるなど、私たちが当たり前のように慣れ親しんでいる地図帳のスタイルの多くは、彼のアイデアによるものです。同社では、彼が手がけた地図帳の復刻版を販売していました(図1-9)。

◉図 1-7：アトラス神〈Wikipedia より〉

◉図 1-8：守屋荒美雄〈『守屋荒美雄傳』より〉

◉図 1-9：復刻出版された守屋荒美雄の地図帳（昭和 9年版）
〈帝国書院 Web サイトより〉

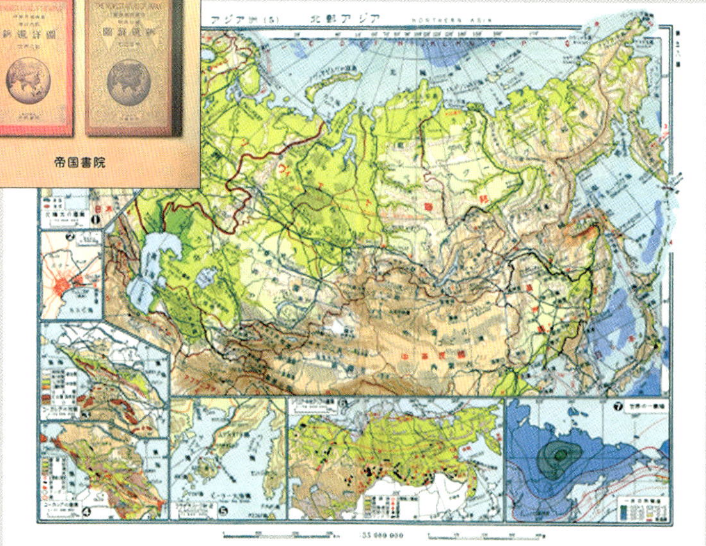

04
データ化された地図
地理情報システム(GIS)

私たちがふつう地図を描くとき、地表面の様子を映像として認識し、それを写し取るように描きます。一方コンピューターは、地表面の様々な数値データの集まりをもとにして地図を描いています。

さらに、測量した標高や土地利用、建物の高さ、気象観測データなど、数値化された様々な情報をもとに、立体的に表現したり、色分けをしてわかりやすく表示したり、異なるデータ同士を組み合わせて表現するしくみをGIS(地理情報システム)と言います。GISの利用が始まった当初は、数値化された地理情報の集まりということで「数値地図」という呼び方が一般的でした。

日本の地理情報の元締めである国土地理院と国土交通省では、それぞれのWebサイトで「基盤地図情報」「国土数値情報」と題したデータを公開しています(図1-10、1-11)。「基盤地図情報」サイトのデータは、水準点や標高点といった「点」データ、建物や道路の輪郭などの「線」データ、川や湖、建物の属性などを表した「面」データで構成されています。縮尺は2500分の1で、市役所や町村役場の都市計画図と同じです。市販の住宅地図から家主の名前を除いた地図が、データとしてインターネット上で公開されていると考えるとよいでしょう。

「国土数値情報」は、基盤地図情報と重なるデータもありますが、行政界や幹線道路、人口密集区域、公共施設、避難所、浸水警戒区域、土砂崩れ警戒斜面など、国土交通省の仕事(特に河川や道路の補修)に関わる情報が揃っています。

どちらの情報データも専用のソフト(GISソフト)を利用することで、目的に応じた地図を描くことができます。また、日本全体にわたる情報(例えば発電所や河川など)をGoogle Earthに展開することもできます(図1-12)。

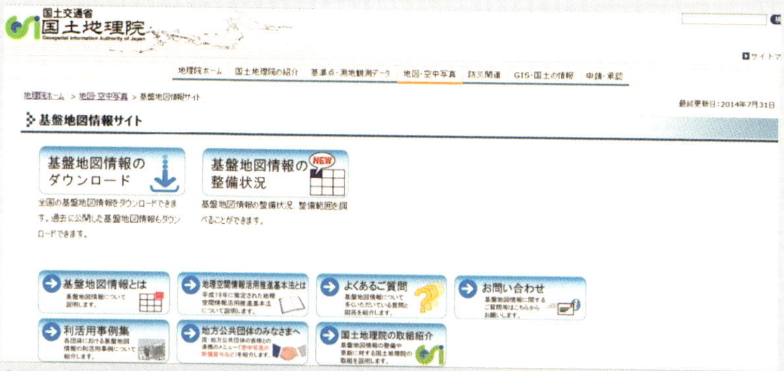

◉図 1-10：基盤地図情報〈国土地理院 Web サイト（http://www.gsi.go.jp/kiban/)〉

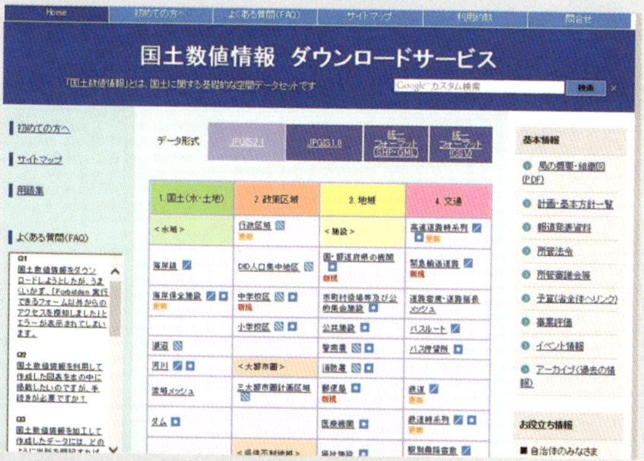

◉図 1-11：国土数値情報〈国土交通省 Web サイト（http://nlftp.mlit.go.jp/ksj/)〉

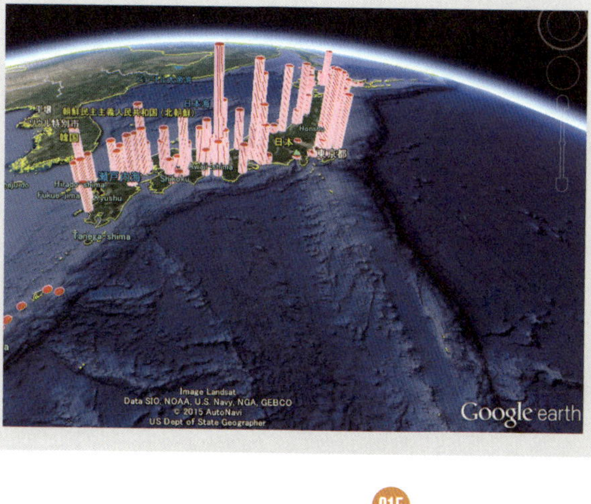

◉図 1-12：地図化の例「国土数値情報」から火力発電所の分布と出力（2010年）を Google Earth に展開した
© Google

コラム 1

Cool！ジャパンな地図

仕事で外国に出かけるとき、私は日本の地図帳を何冊かお土産代わりに持っていきます。特に、アメリカやヨーロッパの方に日本の地図帳は大変喜ばれます。

私たち日本人は、地図帳と言えばB5判の薄い学習地図帳をイメージしますが、欧米諸国の地図帳は分厚い図鑑のようなものが主流です。特にアメリカの学校では、教科書や地図帳を教室のロッカーに何冊か置いて、複数の生徒が使い回すところが多いので、まずその「薄さ」に感心してもらえます。

さらに、そのグラフィックの細かさ。山に陰影をつけたり海の深さを色で表すなど、私たちにとっては当たり前の表現も、非常に喜んでもらえますし、自分たちが住んでいる町が知らない異国の文字でどう書かれているかを確認するのも楽しいようです。

一昔前までは、地図帳の地形表現はすべて職人さんが手作業で丹念に描いていたそうです。デジタル化が進んだ現在も、相当なこだわりを持って製作されています。地図帳は、アニメや伝統工芸につながる「クール」な日本文化の象徴と言えるのかもしれません。

世界地図や、出版社の地図帳を手がけている東京カートグラフィック株式会社では、様々な「地図グッズ」を販売しています（http://www.tcgmap.jp/product/）。外国人はもとより、親しい方へのプレゼントにも、よろしいのではないかと思います。

●「inoh's ハンカチ富士」
〈Ⓒ東京カートグラフィック株式会社　商品は国立国会図書館デジタル化資料より「大日本沿海輿地全図」第100図「甲斐・駿河」を使用しています〉

●「Geological Textile A4サイズトートバック」
〈Ⓒ東京カートグラフィック株式会社　データ提供：国立研究開発法人 産業技術総合研究所 地質調査総合センター　解説・監修：斎藤眞〉

第2章

自然環境を地図化する

2

01
世界の大山脈と「プレートテクトニクス」理論

「山脈」を英語では、「マウンテンレンジ」あるいは「マウンテンチェーン」とも言います。お店の「チェーンストア」にはそれぞれ特徴があるように、山脈にもできた時期や山々の高さ、地質年代などによってグループ分けがあります。

プレートテクトニクス理論によれば、山脈は地殻の厚い部分（大陸プレート）同士がぶつかり合って大きく地層が曲げられることでできる（褶曲作用）と考えられています。プレートの衝突面により近い場所（海溝や地溝）で、現在も成長を続ける山脈が連なるところを「新期造山帯」と呼ぶ一方、現在の衝突面から離れた場所の山脈（大陸の形が今と違っていたときにぶつかり合ってできた）は、「古期造山帯」と呼ばれ、なだらかです（図2-1）。

ただし、場所によっては古期造山帯に属しているのに険しい山々が連なる天《テン》山《シャン》山脈や、比較的薄く軽いプレート同士がぶつかり合っているのに険しい山脈ができ、ところどころに火山も見られるロッキー山脈のように、教科書的な説明が成り立たないような場所もあります。

深海にあるプレート同士の境界や、地球内部の構造については、長いあいだ多くの不明な部分がありましたが、1950年代以後、海底探査や精密な地震観測技術の発達により、急速に明らかになりました。その背景には、米ソの冷戦があります。潜水艦の安全航行のための海底地形の把握や、秘密裏に行われる核実験を探知するために、両陣営が世界中に地震観測点を置いたためです。

様々なプレートが交差する日本近海でも、海底地震観測網がありますが、東日本大震災のような巨大地震の予測や津波の観測には十分に機能を果たすことができませんでした。現在さらに、観測網の整備が進められています（図2-2）。日本海溝をはさむ形で150カ所の地震計を光ケーブルでつなぎ、ケーブルの総延長は5700kmに及びます。平成25年度（2013年度）の房総沖への設置を皮切りに、整備が順次進められています。

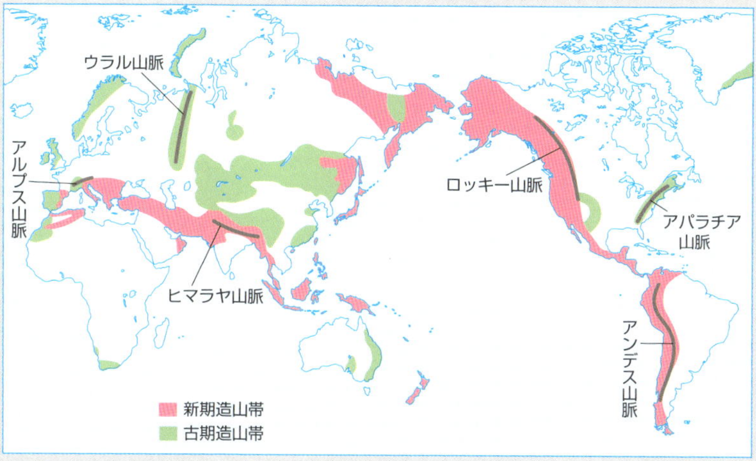

◉図 2-1：世界の主要な山脈

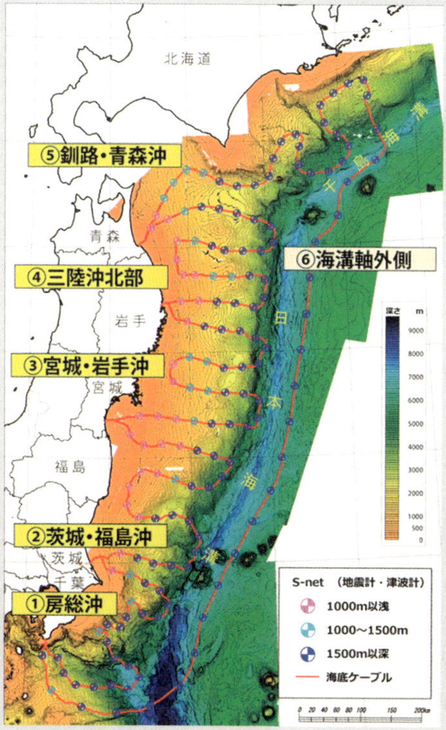

◉図 2-2：日本海溝付近に設置される海底地震観測網
（国立研究開発法人 防災科学技術研究所 日本海溝海底地震津波観測網整備事業 http://www.bosai.go.jp/inline/seibi/seibi01.html）

02 世界地図で読む大河

地図帳における川は、実際よりも太さを強調して描かれています。

空から降った雨が川となるとき、山脈の稜線を境にして流れる向きが変わります。このことから、川の流れを分ける嶺のことを分水嶺《ぶんすいれい》と呼びます。分水嶺は、古代から国境として使われることが多く、日本でも分水嶺を都道府県境や市町村の境界としているところが多くあります。分水嶺に端を発した川は、他の川と合流しつつ水量を増し、やがて１本の大きな川になって海を目指します。一つの川の、支流を含めた水の流れる範囲を「水系」と言います。地図帳に描かれている川の本流や支流は水系のごく一部で、代表的な河川を描いているにすぎません。

インターネット上で公開されている河川の水系のデータを地図化してみると、まるで毛細血管のように細かい水の流れがはっきりわかります。図2-3は、南米大陸、アマゾン川周辺の河川の水系図です。

アンデス山脈の分水嶺と太平洋の距離は約150km しかありません。しかしアンデス山脈の西側は、沖合を流れる寒流が乾いた風を起こして雲ができるのを遮るので、雨がほとんど降りません。そのため川はなく、一帯は海岸沿いに南北に細長い砂漠が山裾まで続く「海岸砂漠」になっています。アンデス山脈の東側に降った雨は、南米大陸をほぼ横断するように大西洋を目指します。その水の流れが集まってできる大河がアマゾン川です。

図2-3に点で示した都市イキトスは、アマゾン川の重要な河港《かこう》の一つです。ここは、外洋の国際航路でも使われる3500トン級の船が、直接アマゾン川に入ることができる最上流部（可航限界という）です。イキトス港は、河口から3700km距離がありますが、標高は106m しかありません。人口37万人の都市ですが、この町に直接通じる道路や鉄道はなく、船か飛行機でしか入ることができません。Google Earth で町を見てみると、川幅が広く、水が濁った本流と、そこに合流する支流、大型船の船着き場となる入り江があります。また、町の中心部を東西に分かつような形で滑走路が走っているのがわかります。イキトスは、「陸路で入ることができない世界最大の町」と言われています（図2-4）。

◉図 2-3：南米大陸とおもな河川　〈国土地理院〉

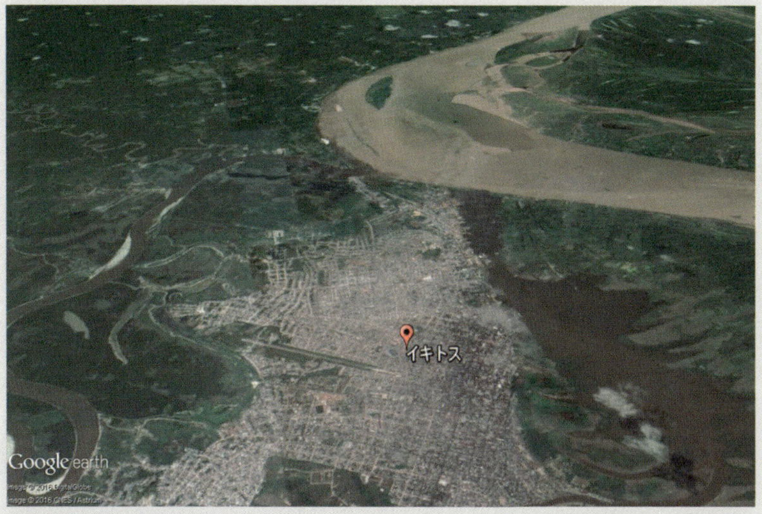

◉図 2-4：イキトス　© Google

この場所に町がつくられたのは1750年代までさかのぼります。アマゾン川の交易の町として栄え、特に20世紀初めには、天然ゴムの集散地として大いに発展しました。アマゾン川流域は天然ゴムの原産地で、密林の中に点在するゴムの木から得られる樹液を小舟に載せて集め、この町で取引がなされた後、大型船に載せられて世界に輸出されました。さらに自動車産業の進展とともに入植者が一気に増えました。

図2-5は、チベット高原の南部から中国・雲南省のあたりに源流を持つ河川を地図に表示したものです。東京のターミナル駅がごとく、主要な河川が狭い範囲に集まっています。で囲った場所の幅は、170km（東京—静岡間ぐらい）ですが、この中に西からエーヤワディー川（ミャンマー）、タンルウィン川（ミャンマー）、メコン川（ラオス・カンボジア・ベトナム）、そして金沙江（中国）が流れています。

ヒマラヤ山脈東部は世界一の多雨地帯ですが、ここに降った雨は狭い谷を通り抜けて、太平洋とインド洋へと分かれていきます。

大河の源流部は、下流の農業や都市生活を潤す拠点であり、電源供給の重要な拠点でもあります。このため、国同士の紛争や国境問題が後を絶ちません。また、森林伐採や鉱山の開発など、源流部の環境の悪化は下流に住む膨大な数の人々に直接影響を与えます。地図で示した中国・雲南省付近は鉛や希土類（レアアース）の一大産地でもありますが、水質汚濁が起これば広範囲に影響を及ぼすだけに、環境への対策を怠ってはならない場所です。

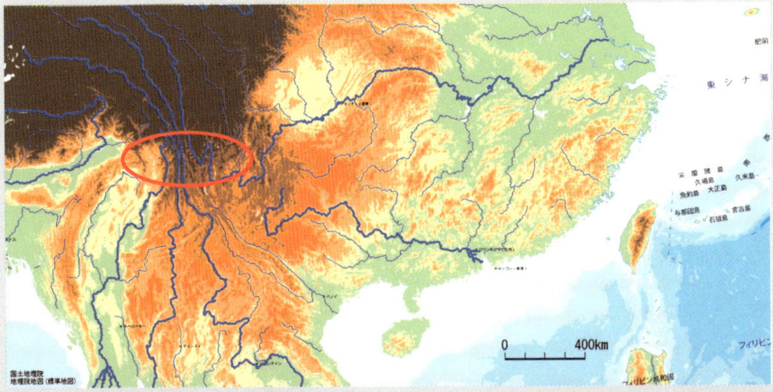

◉図 2-5：チベット高原から流れ出る河川　〈国土地理院〉

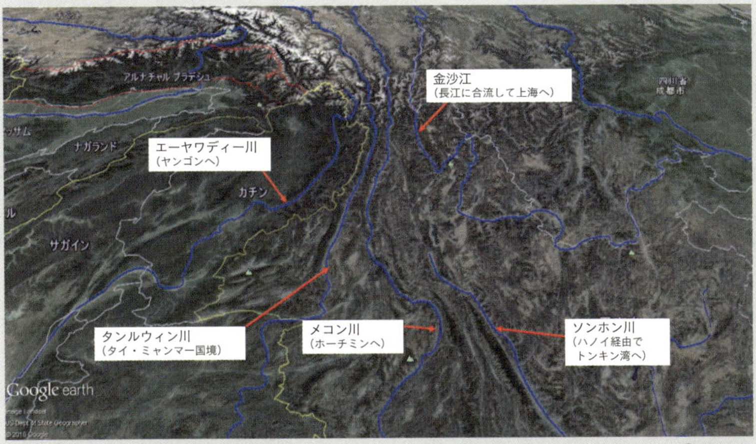

◉図 2-6：チベット高原の河川拡大図　© Google

03
伏見
湧き水の出る場所

中学や高校の地理の授業で必ず登場する地形、「扇状地」。狭い山地を流れてきた川が平地に出るときに、運んできた土砂を放射状に堆積させてできた地形です。大雨などによって堆積物が一気に流れ出るときは「土石流」となり、甚大な被害をもたらしますが、一方で、扇状地は水をろ過する役割も果たします。雨水は砂利や小石の中をゆっくりと染み渡るようにして流れ、そうしてろ過されたきれいな水がこんこんと湧く場所が多く見られます。

京都市の南には、酒どころとして知られる「伏見《ふしみ》」があります。伏見はもともと「伏水」の字があてられたこともあったようです。「伏見」という地名は日本中にたくさんあります。地名辞書で調べてみたところ、北は北海道から南は香川県まで、大字単位で24カ所ありました（図2-7）。造り酒屋や、和菓子店、製麺所、米穀店の分布や、自治体ごとの水道料金を地図化して重ねると（基本的に地下水を利用している自治体は安い）、関係の深さが見えてきます。

図2-8は、私が勤めている学校の近くにある「伏見」（静岡県駿東郡清水町伏見地区）をGoogle Earthで表示して、土地を標高で塗り分けた地図です。濃い青が10m未満、水色が10～15m、黄色が15～20m、緑が20～25m、赤が25m以上です。図の下（南）を右から左（東から西）に流れるのが「狩野川」で、北から流れ込む支流が柿田川と黄瀬川です。柿田川の流域は黄色で塗り分けられ、周囲の平地よりも標高が高くなっています。これが富士山の「三島溶岩流」です。

約1万年前、富士山頂から流れ出た溶岩は、現在のJR三島駅付近まで達し、冷えて固まって「溶岩扇状地」をつくりました。富士山周辺で降った雨や雪解け水は溶岩の隙間を染み通るようにして流れた後、湧水として地上に現れます。溶岩流の末端にある清水町や三島市では、東洋一の湧水量を誇る「柿田川湧水」をはじめ、たくさんの湧水地帯が見られます。

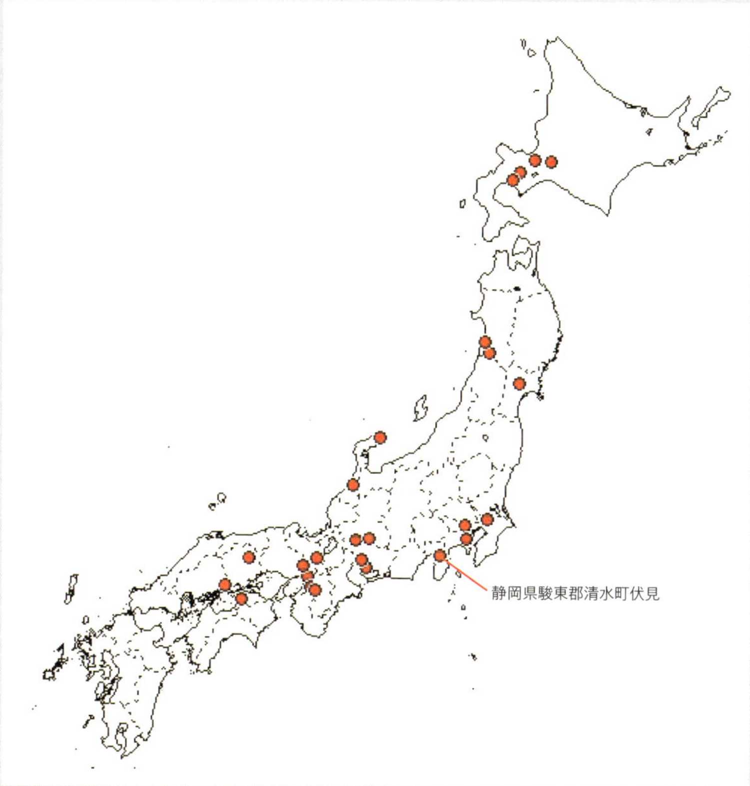

◉図 2-7：「伏見」と名のつく地名の分布

◉図 2-8：Google Earth で見た「伏見」（静岡県駿東郡清水町伏見付近）　©Google

04
ケッペンの気候区分
その成り立ちと現在・未来

地理の教科書でおなじみの「ケッペンの気候区分」は、ウラジミール・ペーター・ケッペンによって考案されました。気候によって変わる植生の特徴や、樹木の生育限界（乾燥限界、寒冷限界）を指標にして、気候の違いをわかりやすく説明するために、温度と降水量を表すアルファベットの組み合わせを用いたシンプルな区分は、今も世界中で使われています（図2-9）。

気候区分と言えばケッペン。気候学の大家、著名な研究者のようにも思われますが、実際は気象観測と自ら考案した気候区分をもとにした「世界気候区分地図」の作成と改良に半生をかけた一技官でした。この項では、ケッペンの生涯と現代のデジタル地図時代のケッペン区分地図の進化について説明します。

1846年、帝政ロシアの首都サンクトペテルブルグのドイツ人家庭で生まれたケッペンは、黒海のそばのクリミア半島で少年期を過ごしました。ドイツの大学に進み、「気温と植物の生育の関係」についての卒業論文を書いたケッペンは、24歳で卒業すると、ロシア海軍の海洋気象局で気象予報官としてのキャリアをスタートさせました。27歳でドイツに移り、ハンブルグの海洋気象台に勤めたケッペンは、1918年に所長として72歳で引退するまで日々気象観測を続けながら、気候学や地理学の研究に携わりました。

ケッペンが生きた19世紀末は、イギリス、フランス、ドイツ、ロシアなどの列強が帝国主義的な拡大政策をとり、アフリカやアジア各地に勢力を広げた時代です。気候の観測と正確な分析は、自国軍の任務の遂行や航行の安全を保障するだけでなく、入植者の健康維持、プランテーションの経営戦略や収穫、市況の予測に欠かせません。ただ、これらの情報（観測データ）は、専門的かつ難解で、一般の人が目にすることはほとんどありませんでした。

ケッペンが考案した気候区分は、現地に行けば誰でも目にすることができる木々や草の特徴と、気温と降水量という最も基本的な気象観測データを組み合わ

<table>
<tr><th>おもに気温による５大区分</th><th>降水パターンによる３区分</th><th>気候区の区分例</th></tr>
<tr><td>A　熱帯
（最も寒い月の平均気温が 18℃以上）</td><td rowspan="5">f 型（年中降水）
月ごとの降水のパターンの差は少なく湿潤である

w 型（冬季少雨）
winter ＝冬に乾季

s 型（夏季少雨）
summer ＝夏に乾季

m 型（中間）
middle ＝乾季はあるが w 型、s 型ほどにはっきりしていない</td><td>Af（熱帯雨林）
Aw（サバナ）
Am（熱帯モンスーン）</td></tr>
<tr><td>B　乾燥帯
（気温にかかわらず年間降水量＜年間蒸発量）</td><td>BS（ステップ＝草原）
BW（ワイルド＝荒地・砂漠）
※乾燥帯では降水区分は使わずに大文字で表記</td></tr>
<tr><td>C　温帯
（最も寒い月の平均気温が 18℃未満、− 3℃以上）</td><td>Cw（温帯冬季少雨＝亜熱帯）
Cs（温帯夏季少雨＝地中海）
Cfa（温暖湿潤）
Cfb（西岸海洋性）
※最暖月平均気温 22℃で a、b を区分</td></tr>
<tr><td>D　亜寒帯
（最も寒い月の平均気温が -3℃未満）
（最も暑い月の平均気温が 10℃を上回る）</td><td>Df（亜寒帯湿潤）
Dw（亜寒帯冬季少雨）</td></tr>
<tr><td>E　寒帯
（最も暑い月の平均気温が 10℃を超えない）</td><td>ET（ツンドラ＝苔）
EF（フロスト＝氷雪）
※寒帯では降水区分は使わずに大文字で表記</td></tr>
</table>

◉図 2-9：ケッペンの気候区分

せて、極めてシンプルにつくられました。さらにこの区分法をよりわかりやすく伝えるために、1884年、彼は38歳のときに最初の「気候区分地図」を発表しました。

気候区分法の詳細とその理論的な整合性を論文にまとめるだけでなく、「地図化」して公表したところに、彼の在野の技官としての心意気を感じます。その後ケッペンは、気球による高層気象の観測体制を確立したり、自ら世界各地に赴いて植生、動物の観察などを行い、「気候学」の理論を体系化する傍らで、一般向けの「気候区分地図」の改良に生涯を捧げました。今日、「ケッペンの気候区分」として使われている指標は、1918年、ケッペンが72歳でハンブルグ気象台を退職する年に著書として発表されたものです（図2-9）。気象台を退職したケッペンは、18年かけて「気候区分地図」に手を加え、1936年に「完成版」を発表しました。4年後の1940年、ケッペンはオーストリアで94歳の生涯を閉じます。

ケッペン以外にも気候区分を考えた学者はいますが、100年近く経った今も最も広く世界中で使われているのは、気温と降水の特徴を簡単なアルファベットの組み合わせで示したこのシンプルな区分法です。

ケッペンは、1936年に発表した気候区分図を「完成版」としましたが、その後の気候変動や温暖化の影響で、気候区分地図も次第に変わりつつあります。気候区分に使われる「月平均気温」や「降水量」は、最低50年間の観測値の平均値を用います。「平均気温が1℃変わる」というのは大したことのないようにも思えますが、異常高温や冷夏など、異常気象が起こった値です。ゆえに、同じ場所の気候区分が変わるほどの変化となると、相当な気候変動が起きていると見てよいですし、植生や動物の生態系も大きく変化することが予想されます。

オーストリアのウィーン獣医学大学自然科学学科のWebサイト（http://koeppen-geiger.vu-wien.ac.at/）では、「ケッペンの気候区分地図」を公開しています（図2-10）。

トップページで自動的に切り替わる気候区分のアニメーション画像には、現在の気候（1951～2001年の平年値）に加えて、過去の気候（1901～1925年の平年値）、未来の気候（2076～2100年の平年値）が表示されます。個別の地図画像や、Google Earthで利用できるkmzファイルも提供されていますので（図2-11）、身近な場所の将来の気候変動をシミュレーションすることができます。

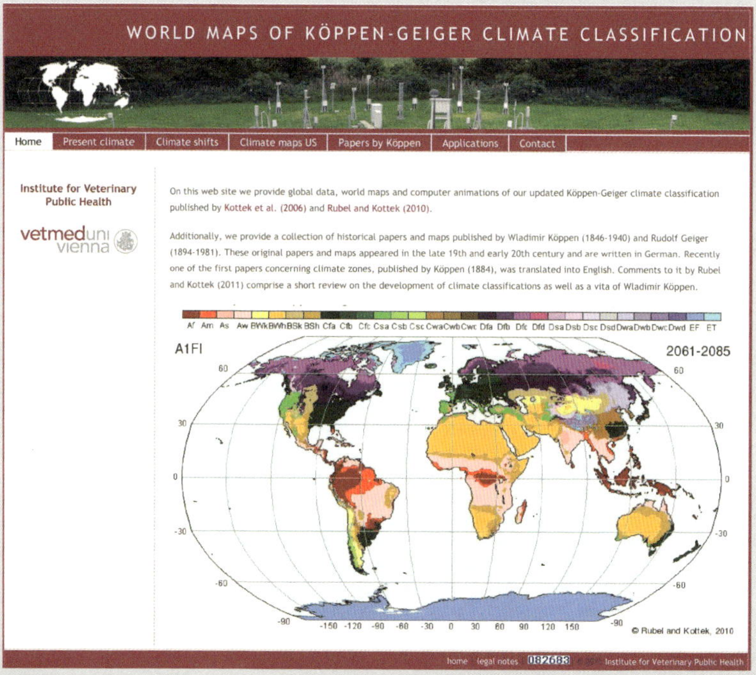

●図 2-10：ウィーン獣医学大学のトップページ「ケッペンの気候区分地図」
（http://koeppen-geiger.vv-wien.ac.at/）

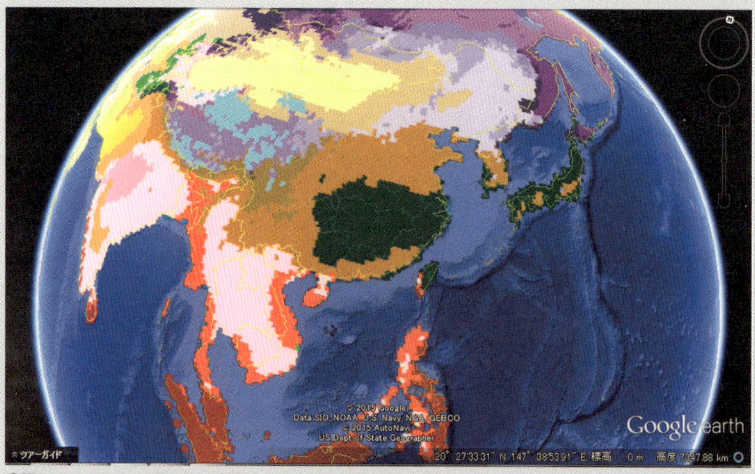

●図 2-11：Google Earth で表示したケッペンの気候区分図① © Google

図2-12、図2-13は、北海道から東北北部にかけての「亜寒帯気候（Df, Dw）」の分布の変化を見たものです。「亜寒帯」の定義は、最も寒い月の平均気温が－3℃未満であること、最も暖かい月の平均気温が10℃以上であることです。現在（1975～2000年）は、北海道の平野部を含めてほぼ全域が亜寒帯になっています。例えば、札幌の平年値（1981～2010年）は、年平均気温が8.9℃、最も寒い月の平均気温が1月で－7.0℃、最も暖かい月が8月で22.3℃、年間降水量が1,106mmですから、ケッペンの気候区分では「亜寒帯湿潤気候（Df）」に属します。ただし、気象観測が始まった1880年から1930年までの50年間の平均気温は6.9℃、1930年から1980年までの平均気温が7.8℃ですから、温暖化はゆっくりと着実に進んでいます。このままのペースで行くと、将来的には冬の平均気温が亜寒帯の基準である－3℃を超え、札幌付近は「温帯湿潤気候（Cfa）」になる可能性があります。図2-13は、2051～2075年の予想平均気温に基づいた亜寒帯気候の分布ですが、札幌市付近は、南の山間部を除いて亜寒帯気候から外れています。また、北海道における亜寒帯の分布も、日高山脈、大雪山系より東側の内陸部やオホーツク海沿岸部にまで狭まっています。

このような気候変動は、生態系はもちろん、農業生産や観光産業にも大きな影響を与えることになります。動物は、冬の食料不足を乗り切ることができたものだけが子孫を残し、結果として適正な数を維持してきましたが、そうした自然淘汰のバランスが崩れてシカやイノシシが増加し、農作物や林業への被害が深刻化しています。動物の密集度が増す中で、それまで餌にすることもなかった樹木の表皮や若芽なども食べてしまい、森林の再生循環を脅かす事態になっています。

一方で、「亜寒帯の温帯化」は、耕作地の拡大をもたらし、食料生産を伸ばすという楽観的な見方もあります。北海道は、米の生産高で昭和36年（1961年）に新潟県を抜いて以来、日本一の米どころです。今後、農産物の輸出入の自由化が進んでいく中で、北海道産の米が世界の市場で高い地位を占めていくことになるかもしれません。

温暖化は、ここ最近に始まった出来事ではありません。ゆっくりと着実に進んでいきます。将来を悲観するだけでなく、現実を直視し、それを受け止めた上で生活や産業をどのように対応させていくかを、よく考える必要があるのではないでしょうか。

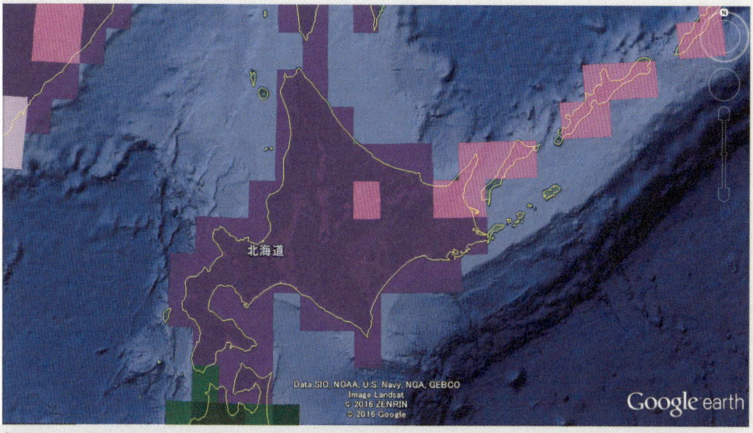

●図 2-12：Google Earth で表示したケッペンの気候区分②（北海道付近：1975～2000年の平年値）

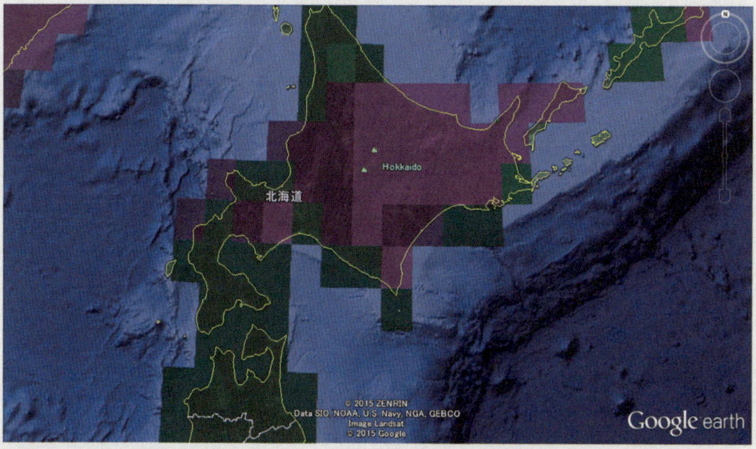

●図 2-13：Google Earth で表示したケッペンの気候区分③（北海道付近：2051～2075年の予想平年値）

05 オリーブ気候と牧草気候
ヨーロッパの気候と世界史

ケッペンは、地中海南部の気候をCs（最も寒い月の平均気温が－3℃以上，夏に厳しく乾燥する）と表し、「オリーブ気候」と名づけました。このCsは、地図帳の気候区分図で見ると、アルプス山脈の南側からスペイン、ギリシア、北アフリカまでの範囲に分布し、まさにオリーブの産地と合致します。日本では「地中海性気候」と呼ばれています（図2-14）。

地中海性気候の中心をなす場所は、北緯40度付近で、スペインのマドリード、イタリアのローマ、ギリシアのアテネがほぼこの緯線付近にあります。図2-15は、スペインのオリーブ畑です。

かつてヨーロッパでは、地中海性気候帯よりも北では小麦を栽培できませんでした。また、現在は街のすぐ近くにまで砂漠が迫っている北アフリカの諸都市は、郊外に広大な小麦畑が広がる穀倉地帯でした。紀元前264年から紀元前146年にかけて、ローマと北アフリカの帝国、カルタゴとの間で戦われた「ポエニ戦争」に勝利したローマは、北アフリカの穀倉地帯と大量の奴隷を手に入れ、安くて良質な小麦を安定的に流通させることに成功しました。

もっとも、この急激な「穀物輸入自由化」による「価格破壊」は、イタリア半島の南部で小麦を作り、都市に売りさばいていた自営農民の没落を招きます。今で言う「耕作放棄地」が広がり、離農した農民が都市にあふれ、ローマの経済と治安は混乱をきたしましたが、ユリウス・カエサルらによる中央集権的な改革で立て直されました。

カエサルの養子、オクタウィアヌスが興した「ローマ帝国」は、小麦の生産・流通網を管理し、国境の前線兵士に届けるための兵站を整えるとともに、敵対していたアルプス以北のゲルマン人と取引きしました。「西岸海洋性気候」に属する西ヨーロッパ北部は、約1万年前の氷河期まで平地でも氷河に覆われていた場所で、土壌に栄養分が少なく、氷河が運んだ小石（モレーン）が散らばる荒れた土

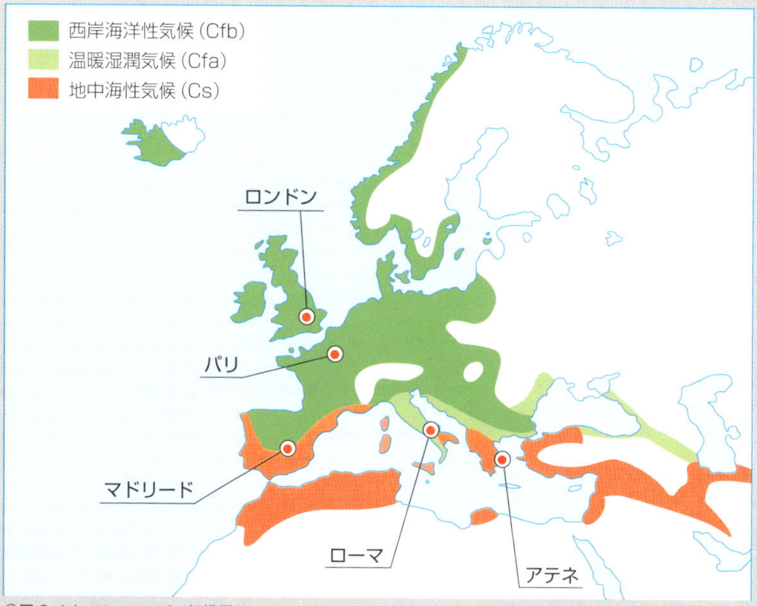

◉図 2-14：ヨーロッパの気候区分

◉図 2-15：スペインのオリーブ畑　© Shutterstock

地でした。ゲルマン人たちは、荒地を開墾して農業を行うよりも、ローマとの交易や、労働力を提供（ローマ帝国軍の傭兵となり、給料をもらって国境警備を行う）することで暮らしを成り立たせる部族もいました。後にローマを滅ぼしたのは、ローマに雇われたゲルマン人の傭兵たちです。

温暖化が進んだ中世以後、アルプス山脈以北でも小麦の栽培が可能になります。ゲルマン諸国では、王や諸侯や教会が中心となって農民に森を開墾させて畑や牧草地に変えていきました。痩せた土地で作物を作り続けると、すぐに収穫量が減るので、1年間小麦を作ったらその土地は1年間休ませ、さらにそこで家畜を飼うことで土地を肥やすというローテーションが生まれました。「作っては休む」の2交代を「二圃式」、飼料作物（カブやクローバーなど）や土地にダメージの少ない作物と組み合わせた3交代を「三圃式」と言い、今日でもヨーロッパで行われている「混合農業」のルーツになりました。

食糧の増産とともに人口も増えると、煮炊きや、武器や農具となる鉄を作るための薪の需要が高まりました。そのためヨーロッパを覆っていた広大な森は、次々に切り倒されていきました。西ヨーロッパの発展の歴史は、膨大な面積に及ぶ森林破壊の歴史でもあるのです。すなわち図2-16のように、青々とした牧草地が広がるヨーロッパの田園風景は、本来の自然景観とは似ても似つかぬ人工的な景色なのです。地中海性気候が「オリーブ気候」なら、西岸海洋性気候は「森林気候」ないしは「牧草気候」と呼んでいいかもしれません。

18世紀、森林を切りつくして燃料が不足したヨーロッパ人、特にイギリスの人々は、新たな燃料として化石燃料に注目します。地表の泥炭に始まり、地下の石炭を掘り出して産業革命を起こしました。産業革命を推し進めた「蒸気機関」はもともと、炭坑にたまった地下水や雨水の排水装置として考え出されました。

化石燃料の利用は、森林破壊の進行を止めるのに一定の役割を果たしましたが、一方で、石炭や石油に含まれる硫黄分の処理の規制が不十分だったことから酸性雨の被害をもたらしました。偏西風の影響で、汚染源よりも東側の地域で被害がひどく、森林の枯死や湖の魚の死滅が起こっています（図2-17）。

ヨーロッパに限らず、歴史や環境問題には気候の特徴や地域性が密接に関わっています。地理は地理、歴史は歴史と切り分けるのではなく、「なぜ、このときにここで（or ここだけで）こんなことが起こったのだろう？」と疑問を持って調べてみることが大切だと思います。

◉図 2-16：イギリスの牧草地 ©Shutterstock

◉図 2-17：酸性雨で枯れた森林（チェコ共和国）〈Wikipedia より〉

06
永久凍土と温暖化

亜寒帯気候（ケッペンの気候区分ではD、最寒月平均気温が−3℃を下回る）、寒帯気候（同E、Dに属する条件に加え、最暖月の平均気温が10℃に満たない）では、夏でも土壌が凍結したままの地層が見られます。「万年雪」と同じ理屈で、一年中凍結していることから「永久凍土」と呼ばれます。

図2-18は、スイスのチューリッヒ大学が公開している永久凍土の分布図データをGoogle Earthで表示したものです。凍土の厚さと凍結度合いがグラデーションで表されています。シベリアの内陸部やチベット高原、アラスカからカナダにかけて、厚い永久凍土層があることがわかります。日本でも、北海道の内陸部（大雪山系）、山形県の鳥海山、富士山、日本アルプスに永久凍土が確認できます。

近年、温暖化の影響により、永久凍土が融けることが懸念されていますが、凍土が融けると、氷に閉じ込められていたメタンなどの温室効果ガスが大気中に放出され、さらに温暖化が進むという悪循環が起きると指摘されています。

図2-19は、アメリカの氷雪データセンター（NSIDC）が公開している、凍土層の融解状況マップです。凍土の表面が解けている日数をカウントし、平年値よりも何日多いか（少ないか）を12kmのメッシュで塗り分けて、時系列で見ることができます。

記録的猛暑となった2010年は、カナダの東海岸やシベリア、中央アジアの山岳部で平年を50日以上も上回る期間、凍土が融けました。一方で、スカンジナビア半島南部からイギリス北部にかけては、逆に平年よりも40日ほど凍土が融けた日数が少なくなっています。このように、凍土の融け方には地域差があるようで、予測や対策の難しさを物語っています。

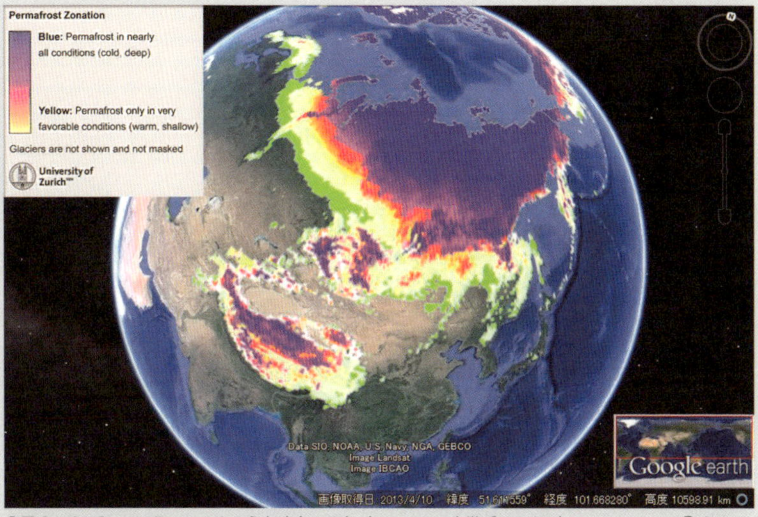

●図 2-18：Google Earth による永久凍土の分布〈チューリヒ大学データより〉　© Google
(http://www.geo.uzh.ch/microsite/cryodata/pf_global)

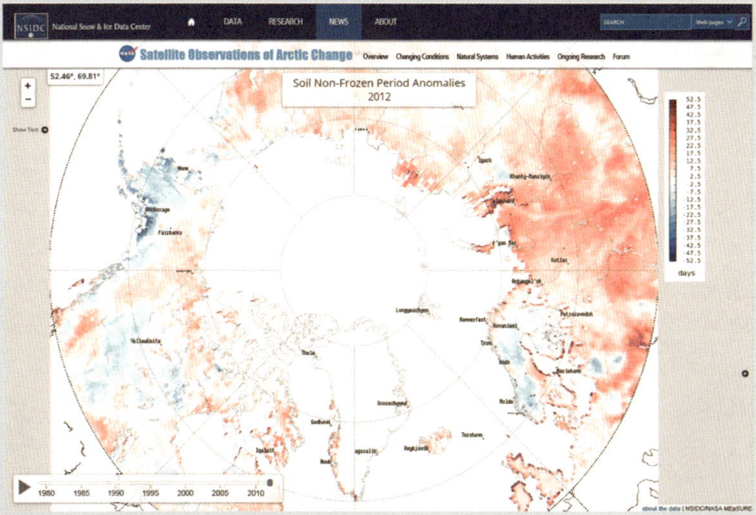

●図 2-19：凍土融解日数マップ〈アメリカ氷雪データセンター(NSIDC)〉
(http://www.nsidc.org/soac/freeze-thaw.html#freeze-thaw)

コラム ❷

地形図の「ウソ」を探す

埼玉大学の谷謙二先生が公開している「今昔マップ on the web」（http://ktgis.net/kjmapw/）は、居ながらにして全国各地の新旧地形図や空中写真を比較できる便利なサイトです。自分が住んでいる場所が昔はどうだったのかを眺めるのも楽しいですが、少し目線を変えて、戦時中に重要施設を意図的に隠したり、違う内容の表記をしていた場所（戦時改描という）を探してみるのも面白いです。

例えば、新宿駅の西口付近を見てみましょう。図1の左は、大正4年（1915年）陸軍陸地測量部発行の地形図、右側は現在の地形図（地理院地図）です。現在の都庁や高層ビル群になっている場所は、かつては水道の浄水場で、区割りや道路が現在の土地利用にも残っていることがわかります。

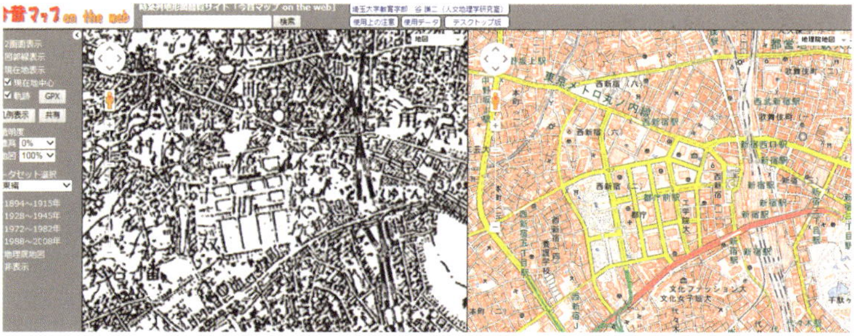

◉図1　新宿駅西口付近の地形図（大正4年）と現在の地図

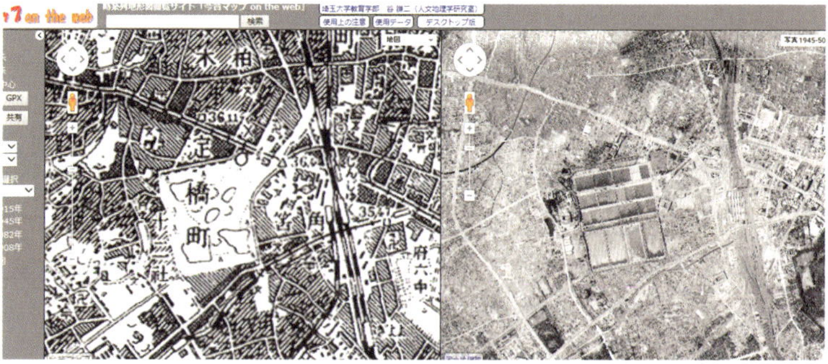

◉図2　新宿駅西口付近の地形図（昭和7年）と米軍撮影空中写真

しかし、昭和7年（1932年）の地図（図2：左）では、浄水場の場所が公園であるかのように描かれています。実際は、米軍に制空権を奪われ、空中写真偵察が行われたため（図2：右）、効果はほとんどなかったようです。

第3章

産業を地図化する

3

01
産地は変化する①
綿花畑の盛衰

農業は自然が相手ですので、年によって豊作・不作がありますが、それだけでは説明できないほど生産量が急増・急減するのがプランテーション作物です。国際価格の変動や国の政策、大口需要先の思惑などによって産地や収穫量が大きく変わります。プランテーション作物として長い歴史を誇る綿花の生産量の統計を地図化してみました。

まず、2013年の世界の綿花の生産量に1995～2013年の生産量の増減率を重ねました（図3-1）。世界の綿花の生産国を上から挙げていくと、1位：中国、2位：インド、3位：アメリカ、4位：パキスタン、5位：ブラジルですが、アメリカを除いた各国で生産量を大幅に伸ばしていることがわかります。

次に1995年から2013年にかけての生産量の伸びが高い国を色分け地図にしてみました（図3-2）。もともと生産量が上位の国々に加え、オーストラリアやブラジルなど、広大な国土を持つ熱帯～砂漠気候の国で生産量が伸びていることがわかります。逆に、綿花の生産量が大きく落ち込んだ国を塗りつぶしてみると（図3-3）、イランから西の中東諸国や旧ソ連の中央アジア諸国、アフリカ、アルゼンチンで落ち込みがひどいことがわかります。

中央アジア諸国やエジプトでは、旧ソ連が主導して1970年代から1990年代にかけて、巨大なダムや灌漑水路によって砂漠に近い半乾燥地帯（ステップ）を綿花畑に変える国家プロジェクトが相次いで行われました。アラル海に注ぎ込む大河、アムダリア川の水をカスピ海方面に流すことで砂漠を綿花畑に変えた「カラクーム運河」計画や、1970年にソ連の援助でナイル川に建設されたエジプトの「アスワンハイダム」による環境への悪影響が懸念されています。

グローバル化を極めるアパレルチェーンでは、均質な原料を大量に安く仕入れることを大前提としていますが、こうした悪影響を促すおそれがあります。

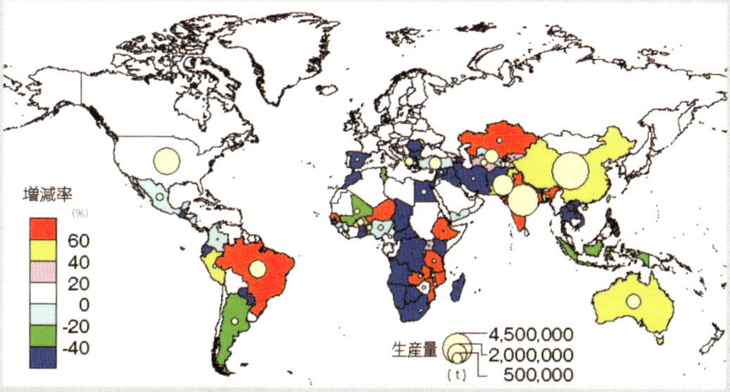

◉図 3-1：世界の綿花生産量（2013年）と増減率（1995年との比較）

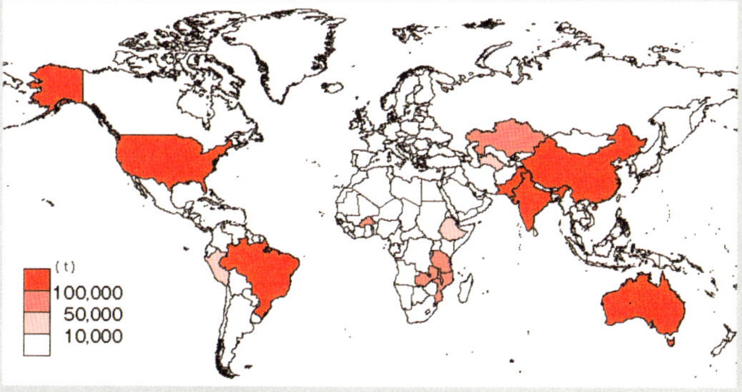

◉図 3-2：綿花の生産量が増えた国（2013年）（10000t 以上）

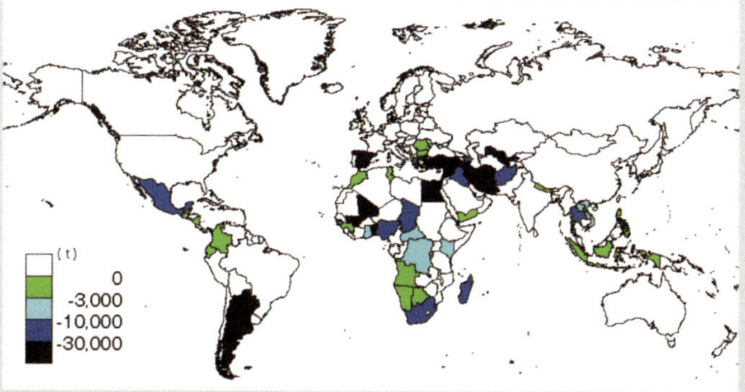

◉図 3-3：綿花の生産量が減った国（2013年）（3000t 以下）

〈世界食糧機関統計（FAO STAT）より作成〉

02
産地は変化する②
年中無休の産地

愛知県を中心とした東海地方では、ビニールハウスに電灯をつけて栽培する「電照菊」作りが盛んです。まだ寒く、日照時間が短い春先にハウスで暖め、日が暮れたら電気をつけて、あたかも夏が来たかのような環境を整えると、菊は真夏に花を咲かせます。逆に、夏にハウスに覆いをして早めに日を遮り、苗を冷やした後に、秋から冬にかけて電灯を当てれば菊は遅咲きになります。１年中需要がある花ですので、日本全国で栽培されており、月ごとの出荷額を地図にすると、産地の移動を見ることができます（図3-4 ～ 7）。

近年、電照菊の栽培で愛知県に迫る勢いで伸びているのが沖縄県です。かつては一面のサトウキビ畑だった那覇空港周辺は、パイナップル畑を経て、今は電照菊のハウスが集中しています（夜間の離発着の際に外を見るととてもきれいです）。年間出荷量（東京市場向け）では、愛知県9,128万本（1位）、沖縄県4,400万本（2位）、出荷額では愛知県67億円（1位）、沖縄県17.6億円（2位）と差がありますが、月別の出荷額を地図にしてみると、お彼岸の３月には、出荷本数、出荷額ともに沖縄県が愛知県を上回っています。

月別の出荷量を見てみると、年間を通じて安定供給している愛知県とは違い、沖縄県の菊は3月と12月に集中して出荷されていることがわかります（図3-8）。愛知県に比べると、沖縄県は航空運賃など輸送費がかかる分、割高になりますが、冬の暖房費は安く抑えることができます。菊花の需要が高まり、端境期を狙って集中的に出荷することで産地の競争力を維持しているのでしょう。同じような戦略は、規模こそ違いますが、夏から秋の東北地方の産地にも見ることができます。

最近は、台湾やタイ、マレーシア、ベトナムなどで栽培された菊が輸入されています。人件費だけでなく、電気代の安さも競争力の源にしていると思われます。

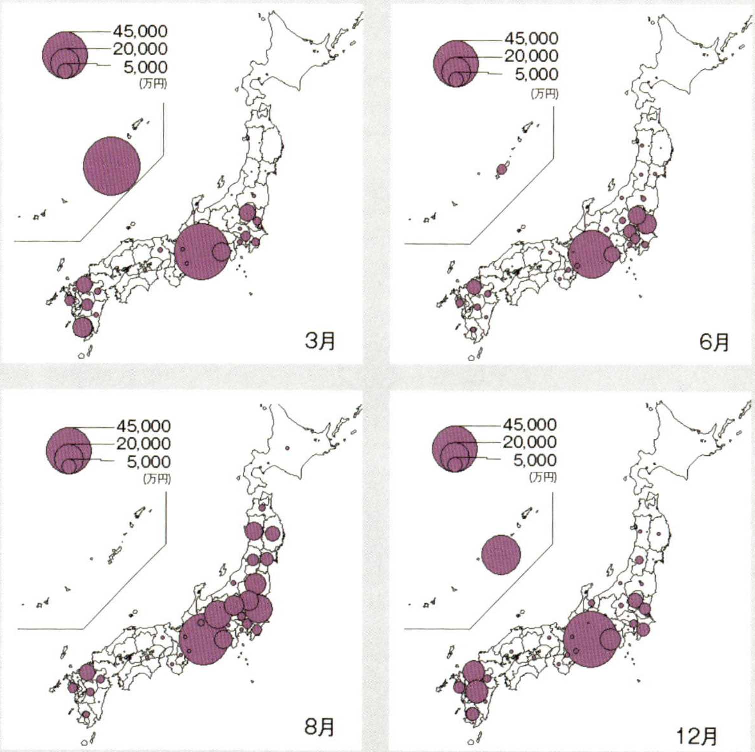

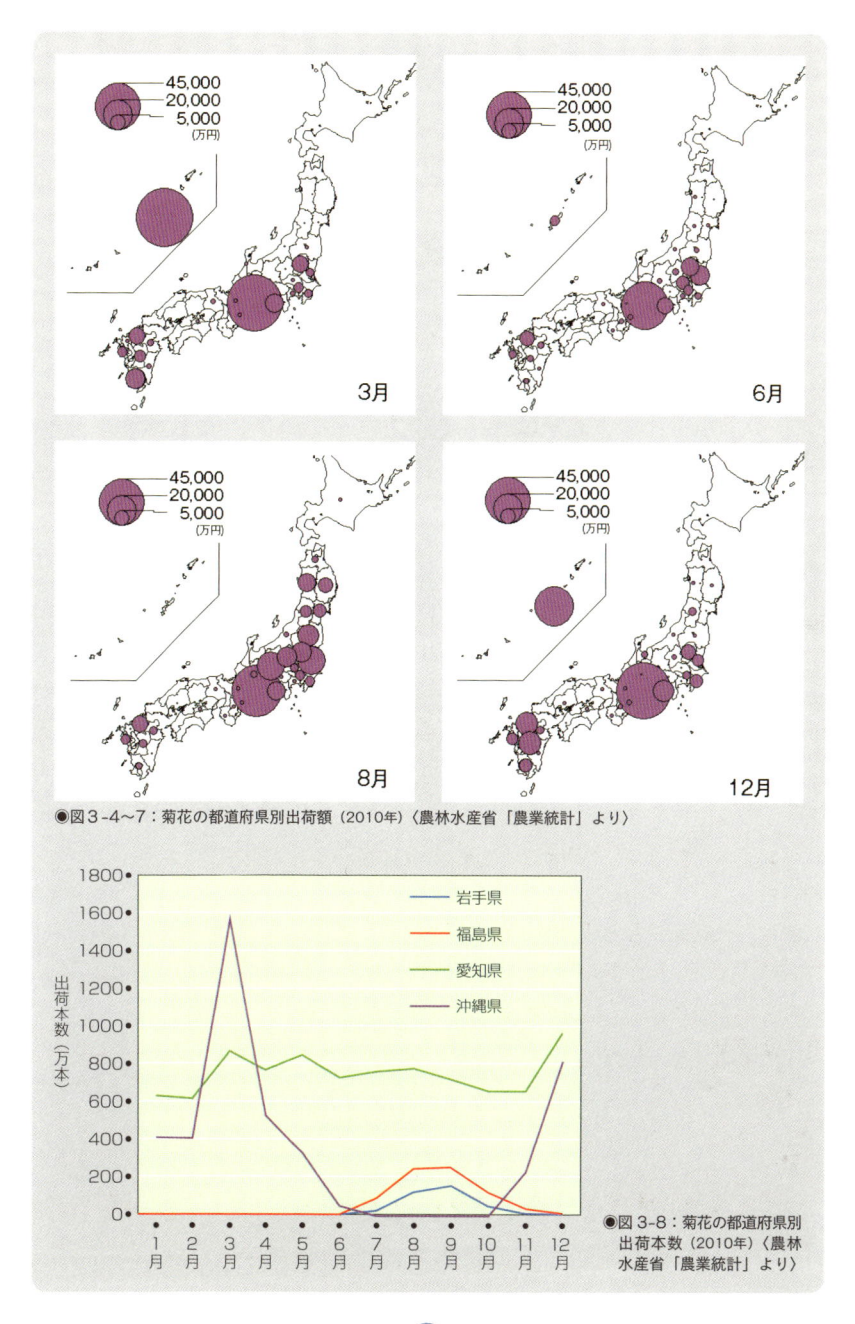

◉図3-4～7：菊花の都道府県別出荷額（2010年）〈農林水産省「農業統計」より〉

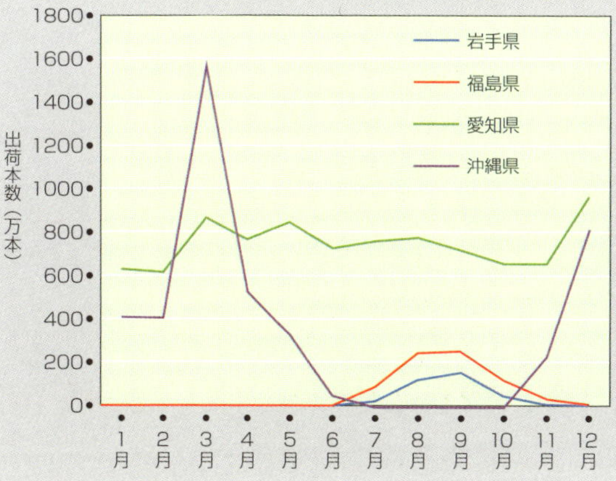

◉図3-8：菊花の都道府県別出荷本数（2010年）〈農林水産省「農業統計」より〉

03
産地は変化する③
カカオ豆の輸出国と輸入国

プランテーション作物の統計を見ていると、輸出国と輸入国の両方にランクインしている国があります。これは、旧植民地と宗主国の経済的な結びつきにより、原料産地と加工地が明確に分かれている作物に見られます。カカオ豆を例に、統計を地図にしてみました。

図3-9は、カカオ豆の輸出国を示した地図です。アフリカのギニア湾岸、東南アジア、南米諸国と赤道直下に輸出国が多く見られますが、ヨーロッパにも輸出国があります。一方、カカオ豆の輸入国の分布図を見ると、ヨーロッパ諸国、アメリカ、日本など北半球の国々に集中しています（図3-10）。ここで重要なのは、ヨーロッパには、カカオ豆の輸出でも輸入でも上位に名を連ねる国があるという点です。

カカオ豆の輸出国の上位10カ国を見てみましょう（図3-11）。輸出量第1位のコートジボワールは、ギニア湾岸のかつてフランスの植民地だった国です。国名はフランス語で「象牙の海岸」を意味し、公用語はフランス語です。ガーナはコートジボワールの東隣の国、ナイジェリアも隣接し、ともにイギリスの植民地から独立した国で、公用語は英語です。インドネシアはかつてのオランダの植民地で、カメルーンはドイツの植民地だった場所です。カカオ豆の輸入国には、これらの旧宗主国が上位に並びます。マレーシアが輸入国の上位に来ていますが、かつてイギリスの植民地だったことに加え、産地のインドネシアに近く、またアジアの大消費地を抱えていることから、食品加工貿易が成り立っていると考えられます。

ベルギーは、国の南北でオランダ語圏とフランス語圏に分かれます。かつて王国はアフリカに「コンゴ植民地」（現在のコンゴ民主共和国）を有し、現地で産出するダイヤモンドの加工で栄えました。人口1,130万人（2013年）の小国ですが、カカオ豆の輸入量で世界3位、輸出量で世界8位になっています。また、オランダ

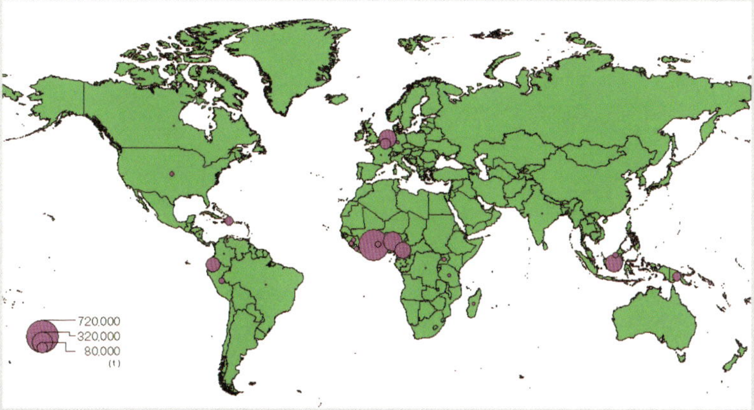

◉図 3-9：カカオ豆の輸出国（2011年）

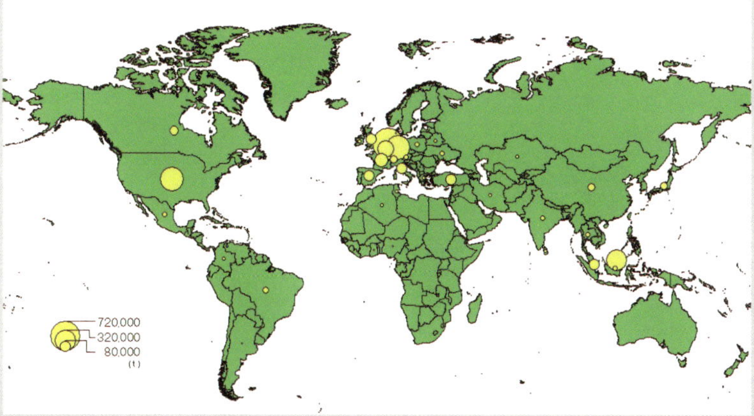

◉図 3-10：カカオ豆の輸入国（2011年）

〈FAO STAT より作成〉

の人口は1,680万人（2013年）ですが、カカオ豆の輸出量、輸出額で第5位、カカオバター（チョコレートの直接の原材料）の輸出額で世界1位です。これらの国々は、世界のカカオの中継点として機能していると考えられます。

つまり、アフリカや東南アジア、南米などの産地からカカオ豆を輸入して選別・ランク付けし、各会社のブランドをつけて再輸出したり、カカオバターとして加工し、付加価値をつけた上で消費国に卸すのです。イギリスにおけるお茶（紅茶）や、イスラエルにおけるダイヤモンドにも同じような現象が見られます。

原料品をそのまま輸出するよりも、付加価値をつけて加工品として輸出した方がより利益が上がります。逆の見方をすれば、原産地の国から原料品をできる限り安く仕入れた方が、加工国の利ざやは大きくなります。図3-12の輸出額を図3-11の輸出量で割ってみましょう。コートジボワールから輸出されるカカオは、1kgあたり2.8ドル（約300円）で取引されていますが、ベルギーから輸出されるカカオは1kgあたり3.6ドル（約385円）、オランダ産のカカオバターは1kgあたり3ドル（約320円）です。なお、これは輸出金額なので、港までの輸送費や倉庫での保管料などを引いていくと、実際にカカオを生産している農民が受け取る額はさらに少ないものになります。

生産者と消費者が直接つながることで、複雑な流通機構や仲介の手数料を省き、生産者の取り分を増やす「フェアトレード」の動きが活発化しています。日本でも、大手流通チェーンがコーヒー豆やカカオ、バナナなどでフェアトレード商品を扱うようになっています。「ベルギー産」「フランス産」高級チョコレートもいいですが、その後ろにある「真の産地」にも思いを馳せてみたいところです。

	カカオ豆輸出国	輸出量（t）	カカオ豆輸入国	輸入量（t）
1位	コートジボワール	1,073,282	ドイツ	446,888
2位	ガーナ	697,236	マレーシア	327,084
3位	ナイジェリア	262,295	ベルギー	201,471
4位	インドネシア	210,067	フランス	145,493
5位	オランダ	207,773	イタリア	91,870
6位	カメルーン	190,214	イギリス	91,358
7位	エクアドル	157,782	スペイン	86,522
8位	ベルギー	81,350	シンガポール	84,630
9位	パプアニューギニア	62,751	トルコ	77,659
10位	ドミニカ	50,994	カナダ	73,684

◉図 3-11：カカオ豆の輸出入量（2011年）

	カカオ豆輸出国	輸出額（千ドル）	カカオバター輸出国	輸出額（千ドル）
1位	コートジボワール	3,029,180	オランダ	1,070,350
2位	ガーナ	2,207,089	マレーシア	447,764
3位	ナイジェリア	786,277	フランス	387,137
4位	インドネシア	683,740	インドネシア	304,581
5位	オランダ	614,496	ドイツ	236,397
6位	カメルーン	512,183	コートジボアール	219,775
7位	エクアドル	471,652	ガーナ	172,179
8位	ベルギー	292,749	シンガポール	148,150
9位	パプアニューギニア	177,991	アメリカ	104,916
10位	ドミニカ	175,773	ブラジル	102,211

◉図 3-12：カカオ豆の輸出額とカカオバターの輸出額（2011年）

〈FAO STAT より作成〉

04
産地は変化する④
空飛ぶアスパラガス

アスパラガスは、本来は初夏が旬の野菜です。アスパラガスの都道府県別出荷額（2012年）では、北海道が1位で17.5％、2位が佐賀県（9.7％）、3位が長野県（9.1％）、4位が長崎県（7.7％）、5位が熊本県（5.5％）です。また、年間1万1741トン（総出荷量に占める割合31.0％）を輸入に頼っています。

航空輸送技術の発達により、遠隔地でとれた生鮮野菜を冷凍することなく安く、大量に輸送できるようになりました。それに合わせて産地ごとの競争（および競争を避けるための工夫）もダイナミックに変化しています。アスパラガスは、そうした産地間の関係を見る上でわかりやすい野菜です。東京市場の入荷データをグラフ化、地図化してみました。

図3-13は、東京中央卸売市場に入荷したアスパラガスの産地別入荷量（2010年）です。全国一の産地である北海道産が入荷するのは4月から7月の限られた時期で、特に6月に集中していることがわかります。一方で他の県は、出荷のピークをずらしたり、出荷時期に幅を持たせながらコンスタントに出荷することで差別化を図っていることがわかります。例えば、福島県や秋田県など東北地方の産地は北海道産が出回る6月は出荷量を抑え、北海道産が出回る前の5月や、北海道産の出荷がほぼ終わった7月から9月にかけて出荷しています。また、佐賀県や長崎県など九州の産地は、本州の各産地の出荷が始まる前の3月から4月に出荷のピークを置いています。また、九州の産地は、ほぼ1年中出荷しているのが特徴です。

なぜ九州の産地は出荷時期が長く、北海道は短期集中なのでしょうか。背景には気候とアスパラガス農家の立地環境の違いがあります。北海道のアスパラガスの産地は中央部の上川盆地付近で、南は富良野町から北は名寄市にかけてです。平地で栽培する上、夏は暑く、冬は極寒でなおかつ雪も多い場所なので、ビニールハウスによる促成栽培や、山間部の冷涼な場所で出荷時期を遅らせるような抑

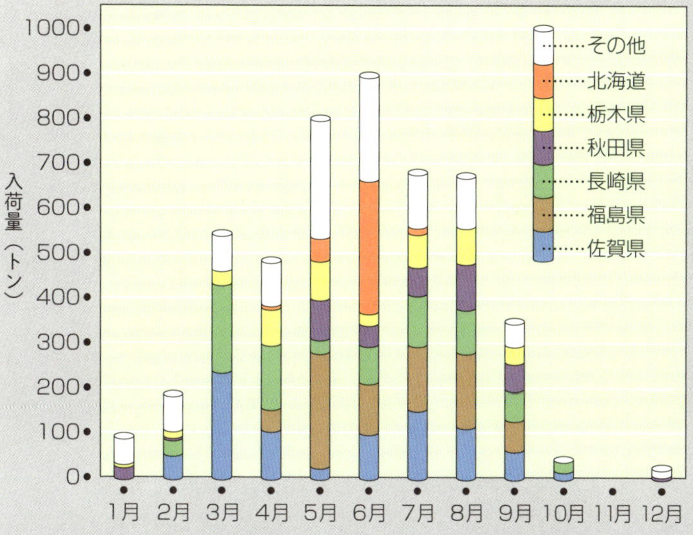

◉図 3-13：アスパラガスの産地別入荷量（2010年）〈東京中央卸売市場〉

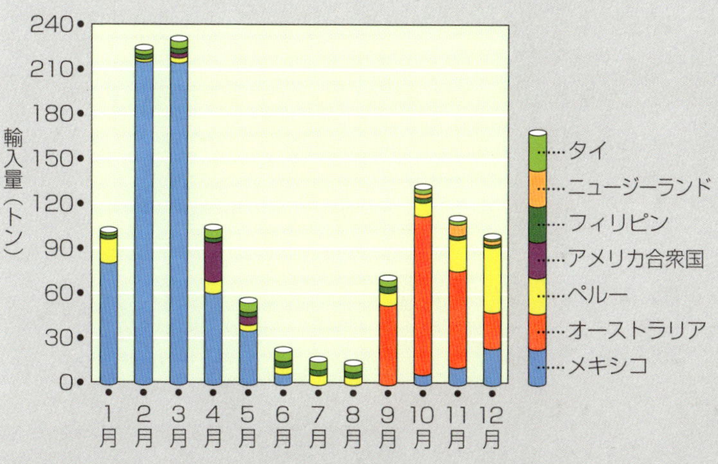

◉図 3-14：アスパラガスの国別輸入量（2010年）〈農林水産省「農産物貿易統計」より〉

制栽培には向きません。むしろ、「北海道産のアスパラ」というブランド力を生かして短期集中で一気に出荷するスタイルをとっているようです。

一方、佐賀県や長崎県のアスパラガスの産地は平野部から山間部まで広範囲にわたります。減反政策や柑橘類の輸入自由化を受けて、米やみかんに代わる商品作物として普及が進んだことと、もともと春先に集中的に出荷していたところを、「雨除けハウス」を導入したことで、降雨期の病害を防ぐことに成功し「夏採りアスパラガス」を生み出し、出荷時期に幅をもたせられるようになりました※1。

国内産が品薄になる秋から冬にかけて、アスパラガスの輸入が最盛期を迎えます。ここでも、時期によって輸入先の国が違っています。図3-14は、月別のアスパラガスの輸入量と輸入先をグラフにしたものです。

国産のアスパラガスが品薄になる11月から3月にかけてが輸入のピークです。10月から12月にかけてはオーストラリアやニュージーランドなど南半球の国々、12月から4月まではペルーやメキシコなど、南米諸国からの輸入が多くなります。このデータを地図に表したのが図3-15、3-16です。オセアニア産と南米産の入荷時期がはっきりと分かれています。その一方で、量はそれほど多くありませんが、タイやフィリピンなど、東南アジアの国々が、ほぼ1年中コンスタントに輸出しています。

日本向けの輸出統計ではあまり目立ちませんが、ペルーは、世界のアスパラガス輸出高の40%を占める大国です。かつては大半が缶詰にされていましたが、中国が台頭してくると、グリーンアスパラガスの生鮮品出荷に転じました。

現在世界で最もアスパラガスを生産し、輸出している国は中国です。世界の生産量の88%を占めます（FAO:2013年）が、東京中央卸売市場の入荷統計にほとんど出てこないのは、その多くが缶詰や冷凍品として輸出されているためです。

野菜の産地間競争はグローバル化の時代に突入していますが、その土地の気候風土や人件費の安さなどの強みを生かした新しい産地が次から次に登場しています。

※1　「佐賀県農業協同組合（アスパラガス）日本一のアスパラガスの産地を目指して」
（独立行政法人　農畜産業振興機構　野菜情報）　http://vegetable.alic.go.jp/yasaijoho/santi/1005/santi1.html

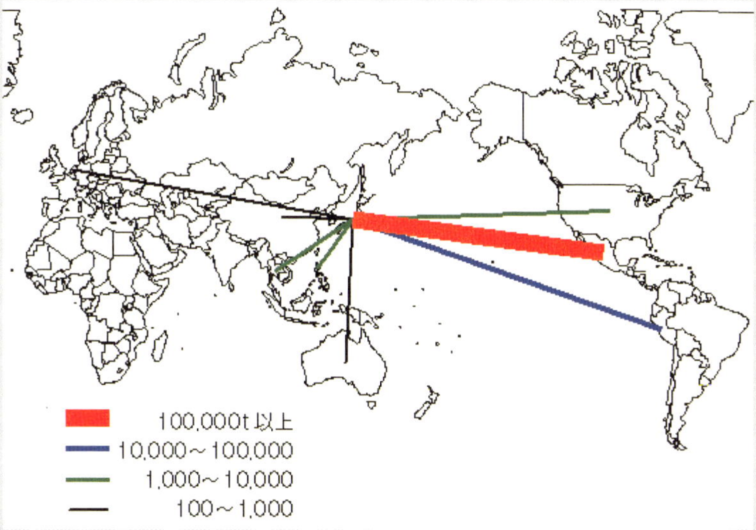

◉図 3-15：アスパラガスの国別輸入量 3月（2010年）

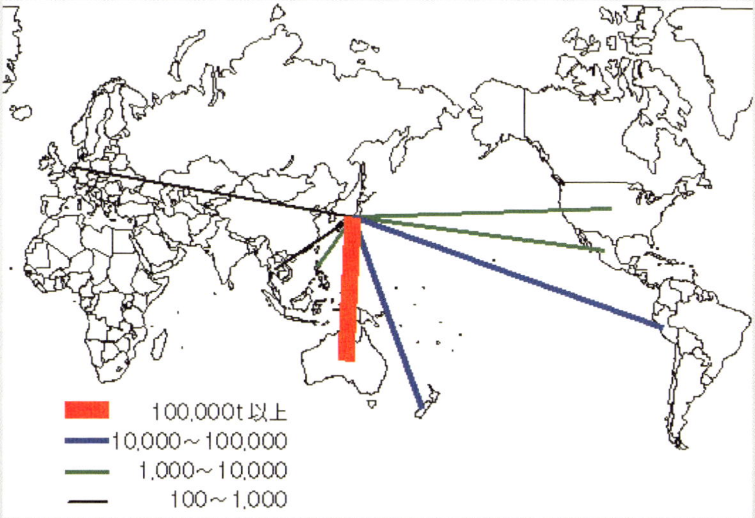

◉図 3-16：アスパラガスの国別輸入量 11月（2010年）

〈農林水産省「農産物貿易統計」より〉

05
コンビニエンスストアの地図
競合エリアと出店戦略を地図化する

日々しのぎを削るコンビニエンストア。綿密な出店戦略と売上予測をもとに新規出店の戦略（および既存店の閉店）を決めているようですが、基本的な考え方を説明するための地図を描いてみました。

図3-17は、筆者の生活圏である静岡県東部地域のコンビニエンスストアの分布図です。各チェーンのWebサイトから住所録を作り、緯度経度情報に変えて地図に落とし込みました。

さらに出店候補地を探すと仮定して、徒歩圏である半径500mの商圏円を表示しました（図3-18）。店が密集している地域（画面左下：沼津駅周辺）では、商圏が幾重にも重なり合っていますが、郊外ではどこの円にも属さない「コンビニ商圏空白域」があることがわかります。

図3-19はコンビニエンスストアの分布図に、国勢調査に基づいた500m四方のメッシュごとの人口密度の地図を重ね合わせたものです。人口密度が高い（1km四方で2,000人以上）にもかかわらず、どのコンビニエンスストアの商圏にも入ってこない場所を何カ所か見つけることができます。

ハンバーガーチェーンのマクドナルドは、早くから独自の地理情報システム（GIS）を確立し、それまで1週間近くかけて検討してきた新規出店の候補地選びを30分程度にまで短縮したそうです。出店の検討をパターン化することで、時間と人件費を削り、最適な出店と不採算店の閉鎖（スクラップ・アンド・ビルド）を繰り返していくことで、競争力を維持していると思われます。

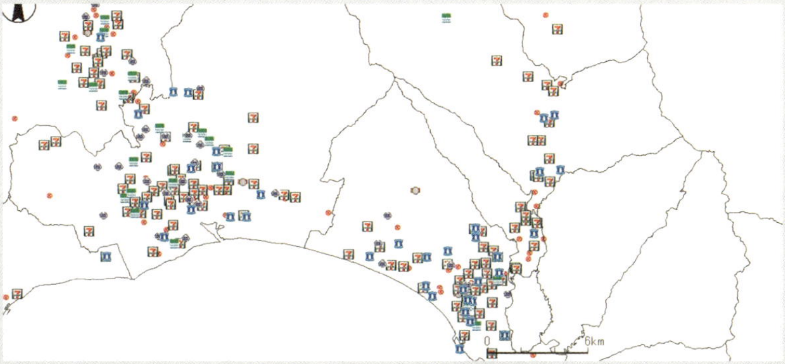

◉図 3-17：静岡県東部のコンビニエンスストアの分布

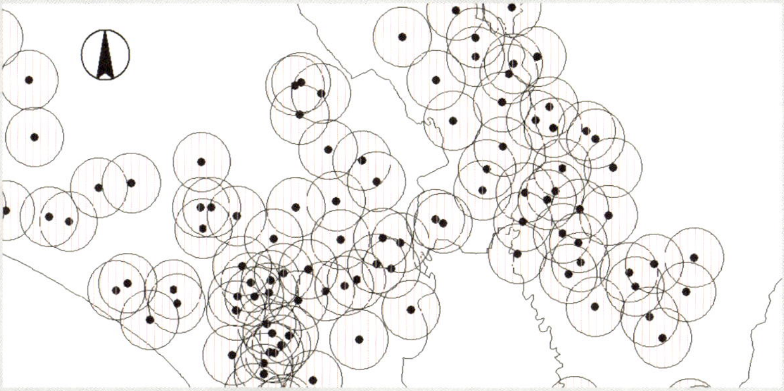

◉図 3-18：各店舗の商圏（半径 500m 範囲）

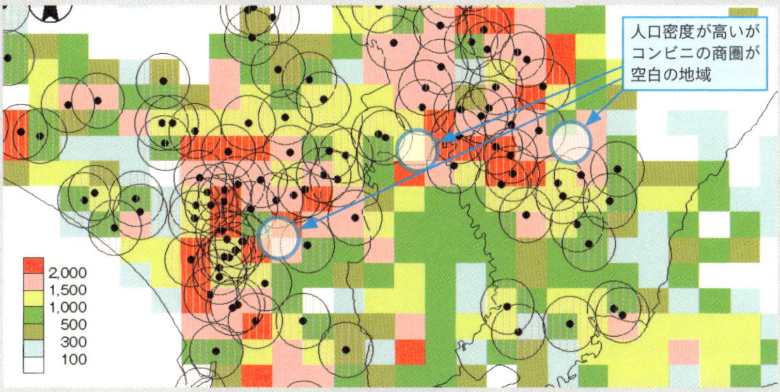

◉図 3-19：人口密度（2005年）と商圏の重ね合わせ

06 自動車に見る「世界の工場」の移動

世界の工業に関する統計を年次ごとに追ってみると、各産業の「選択と集中」を地図上で示すことができます。自動車の生産国の移り変わりを見てみましょう。

図3-20は、2001年の国別自動車生産台数を表したものです。世界一の生産国は日本で、年間生産台数は約811万台でした。次いでドイツ（530万台）、アメリカ（487万台）と続きます。2005年（図3-21）になると、1位の日本の生産台数が901万台、ドイツが535万台と生産台数を伸ばしますが、アメリカは432万台と、生産台数を50万台以上減らしました。2013年の統計では、日本は818万台（2位）と生産台数を落としている一方で、中国が日本を抜き去り、1808万台を生産しました。地図で見ると、自動車業界の中での中国の存在が際立ってきていることがわかります（図3-22）。図3-23は、2005～2013年の生産台数増減の比較です。日本やアメリカ、ドイツ・フランス・イタリアなどの西ヨーロッパ諸国で生産台数が軒並み減っているのに対し、中国やインド、東欧や中南米諸国で生産台数が伸びています（図3-24）。ヨーロッパを拡大してみると（図3-25）、各メーカーが本社を置く国と、古くからのECおよびEU加盟国が軒並み生産台数を落としています。1986年にECに加盟したスペイン、ポルトガル、2004年にEUに加盟し、ドイツメーカーの生産基地として注目されたポーランドが台数を減らしている一方で、スロバキア（2009年EU加盟）、ルーマニア（2007年EU加盟）は、自動車の生産台数を大きく伸ばしています。

海外生産が伸び、商品のラインナップが増えていく中で、各メーカーの本国の工場では、技術開発と大量生産のためのノウハウを蓄積・伝達を進める「マザー工場」化が進んでいます。国境を越えた企業のネットワークの中で、中枢を担う機能をどのように維持し、次の人材を育てていくか、自動車業界は極めて難しい問題を抱えていると言えます。

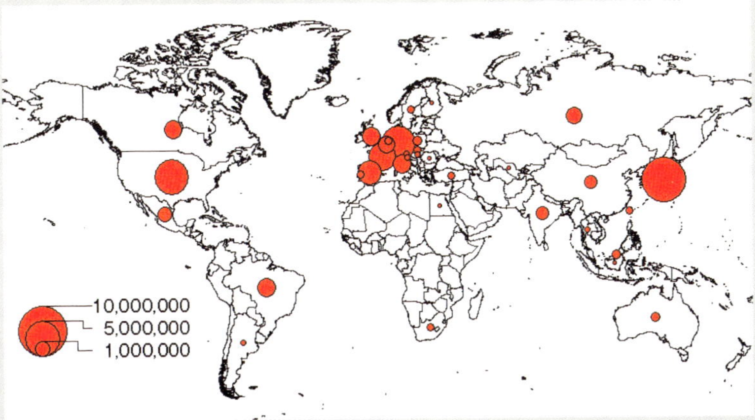

◉図 3-20：自動車の生産国と生産台数 2001年

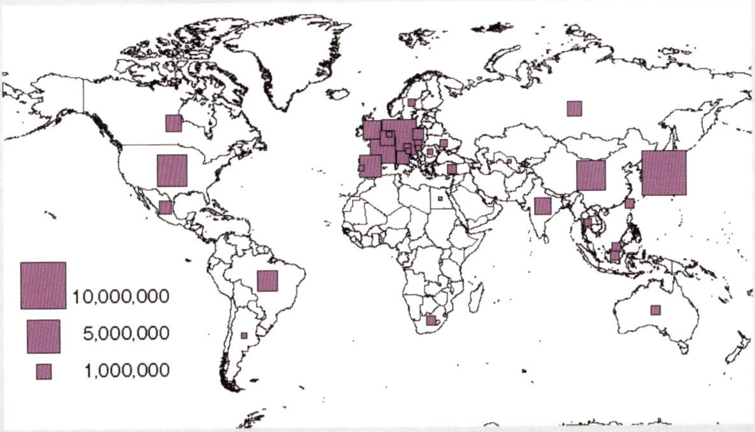

◉図 3-21：自動車の生産国と生産台数 2005年

〈世界自動車工業会（OICA）「Production Statics」より作成〉

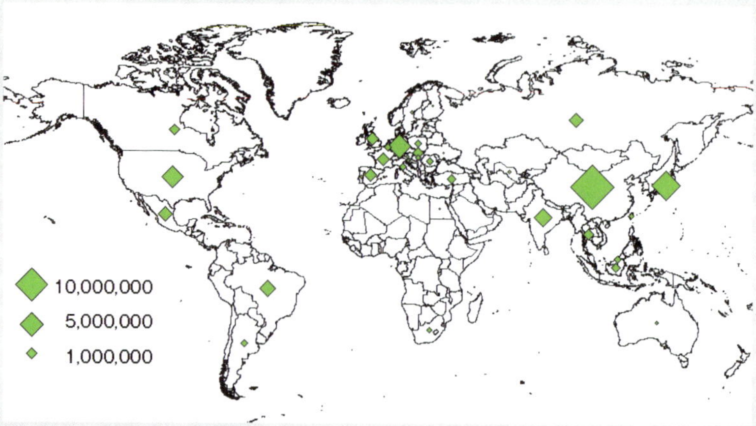

◉図 3-22：自動車の生産国と生産台数 2013年

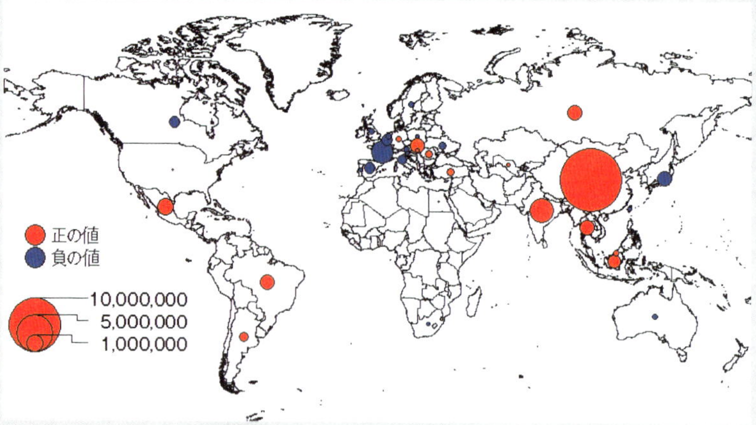

◉図 3-23：自動車の生産台数の増減 2005〜2013年

〈世界自動車工業会（OICA）「Production Statics」より作成〉

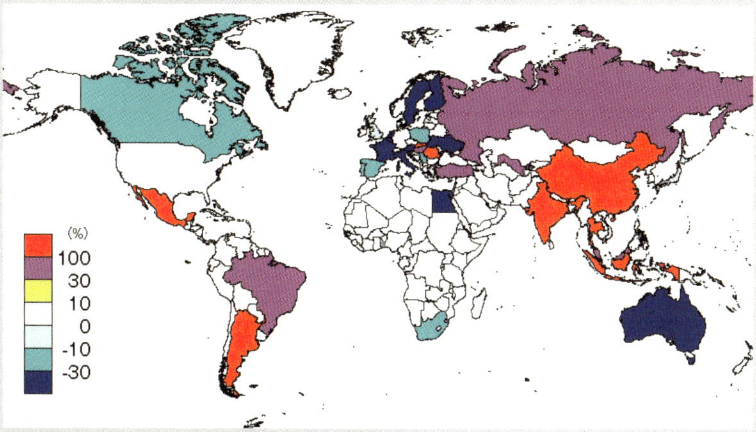

●図 3-24：自動車の生産台数の増減率（%） 2005～2013年

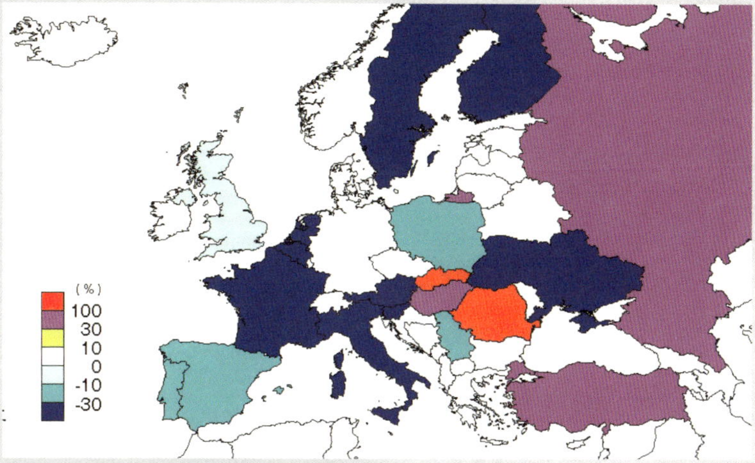

●図 3-25：ヨーロッパ各国の自動車生産台数の増減率 2005～2013年

〈世界自動車工業会（OICA）「Production Statics」より作成〉

07
Google Earthで工場見学
立地の特徴を考える

今、工場見学がブームです。業界団体の Web サイトには工場の住所が載っていますので、住所を緯度経度情報に変換すれば、Google Earth で簡単に「空から工場見学」をすることができます。

Google Earth では、工場の内部まで見ることはできませんが、同じ業種の工場をまとめて表示することで、その業種が求めている共通の立地環境を考えることができます。代表的な産業の工場の分布と、空から見た土地利用を見てみましょう。

1 製鉄所

一般社団法人「日本鉄鋼連盟」が公開している「全国製鉄所見学 MAP」から、住所録を作成して Google Earth 上に落としてみました（図3-26）。製鉄所には、高炉（鉄鉱石と石炭から鉄を作る）と電炉（くず鉄をリサイクルして鉄を作る）がありますが、高炉を上空から見ると、輸入鉄鉱石や石炭が野積みされている様子を見ることができます。

「産業のコメ」と言われた鉄鋼産業。かつては炭田ないしは鉄鉱石の産地に近いところに立地するのが常識でした。原料である石炭や鉄鉱石は、重量がかさみ、輸送費がかかるからです。工場の候補地が原料産地からの距離によって決定されるような工場を、「原料立地型」と言います。旧ソ連の「コンビナート」は、シベリア鉄道沿いの炭田と鉄鉱石を地図で確認し、両者の中間地点（最も輸送費が安上がりになる場所）にゼロから製鉄都市を建設したといわれていますし、日本の古くからの鉄鋼都市もこの部類に入ります。北九州（筑豊炭田）、釜石（釜石鉱山）などが代表例です。

時代が下り、鉄鉱石も石炭も輸入に頼るようになると、原料産地ではなく、港のそばが「生産・輸送コストが最安」になる地点になります。図3-27は、新日鉄

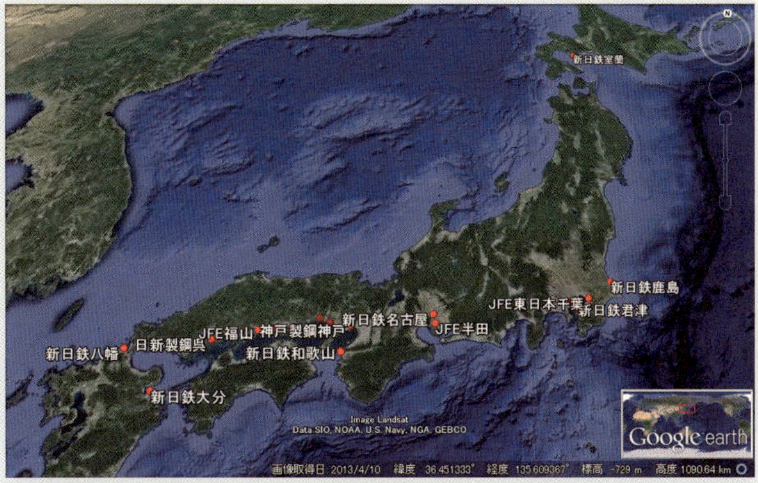

◉図 3-26：日本の製鉄所（高炉）の分布〈「全国製鉄所見学 MAP」より作成〉

◉図 3-27：新日本製鐵鹿島製鉄所

の鹿島製鉄所ですが、掘り込み式の港湾の一角が真っ黒な石炭と赤錆の付いた鉱石で埋め尽くされている様子がわかります。このような工場を「交通立地型」と呼んでいます。原料立地型から交通立地型への転換は、アメリカやヨーロッパでも見られる現象で、内陸部に残された原料立地型の工場や工業都市をどのようにして再編していくのか、共通の課題になっています。

2造船所

中国や韓国に追い上げられてはいますが、日本はまだまだ「造船大国」です。

図3-28は、「日本の造船所マップ」というWebサイトから、大手造船会社の造船所の位置情報を得て、Google Earth上に表したものです。

日本で大規模な造船所がある地域には、共通する地形的な条件と、歴史的な背景があります。水深が深く、波が穏やかなリアス海岸であること、かつて海軍の工廠《こうしょう》があり、関連する企業や職人集団が集まっていたことなどです。横須賀、呉、長崎、舞鶴などは、戦前は軍艦の工場として、地形図の発行はもとより、通過する列車の中から見えないように海沿いの車窓を遮断したほどに機密保持がなされたと言います。2015年3月、アメリカの富豪がフィリピン沖で沈没した戦艦「武蔵」(「大和」の姉妹艦)の残骸を発見したと話題になりましたが、「大和」は呉、「武蔵」は長崎の海軍工廠で造られました。

図3-29は、Google Earthで見た長崎湾です。現在の三菱重工長崎造船所にあった海軍工廠で建造された戦艦「武蔵」は、進水式の際に、対岸の集落に1mの津波をもたらしたほどの巨艦でした。しかし、住民に津波の原因は一切説明されず、家屋への浸水に対して、問い合わせや抗議はできなかったと言います。

戦後、日本の造船会社は物流を支える大型商船を進水させてきましたが、廃業や合併が相次ぎ、現在は、総合機械メーカーとして事業の多角化を進めるところが多くなっています。

3自動車のテストコース

北海道には、自動車メーカーやタイヤメーカーのテストコースが集中しています(図3-31)。特に上川盆地の士別市には、5社のテストコースがあります。札幌から車で2時間半、JRで2時間のアクセスの良さに加え、夏は30℃を超え、冬は－25℃まで下がる気温差を活かした実験や、寒冷地での耐久テストが行われているようです。Google Earthで見ると、大きなレースサーキットのようなテストコースを見ることができます(図3-32)。

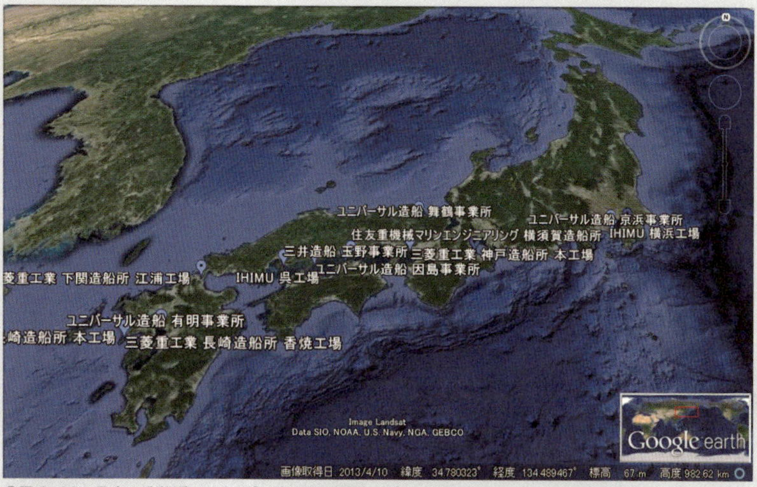

◉図 3-28：日本の造船所の分布〈「日本の造船所マップ」より作成〉

◉図 3-29：長崎港と三菱重工業長崎造船所

日本の自動車メーカーは、売り上げの多くを海外市場で上げています。例えばトヨタ自動車の場合、2012年の売上台数871万7000台のうち、国内が169万2000台（19.4%）、海外が702万5000台（80.6%）、うち北米での売り上げが227万4000台（26.0%）といった具合です。北海道の内陸部の極寒な環境は、日本の中では例外的かもしれませんが、北米やヨーロッパでは「日常的」なところもあるはずです。北海道の内陸は欧米市場の大陸性気候の環境を日本国内で再現できる唯一の場と言えるのかもしれません。

このように、工場の立地は、物流や敷地、人的資源の確保といった条件に加え、企業の経営戦略によって変わってきます。逆に、そうした「業界の事情」を理解しないまま、自治体がやみくもに企業誘致を行ってもうまくいきませんし、明確なターゲットを定めずに造成して不発に終わってしまった工業団地も少なくありません。

工場の分布図は、業界団体のWebサイトに会員企業の工場の住所が載っていますので（図3-30）、住所録を分布図に換えるノウハウさえあれば簡単に描けます。なぜこの地域に集まっているのか、海外移転が進む中で、なぜこの工場は国内に留まっているのか、地図を眺めながら仮説を立てて自分なりの答えを出してみるのもビジネスセンスを磨くトレーニングになるでしょう。

業種	タイトルおよび公開元	URL
自動車工場	日本の自動車工場分布図（日本自動車工業会）	http://www.jama.or.jp/industry/maker/map.html
自動車テストコース	自動車テストコースマップ	https://www.google.com/maps/d/u/0/viewer?hl=en_US&mid=19jxi97I_o4dGEt86II-Di93pj14
造船所	日本の造船会社と造船所一覧（Wikipedia）	https://ja.wikipedia.org/wiki/日本の造船会社と造船所の一覧
製鉄所	全国製鉄所見学MAP（鉄鋼連盟）	http://www.jisf.or.jp/kids/iku/map.html
製紙工場	製紙工場所在地一覧（日本製紙連合会）	https://jpa.gr.jp/about/member/factory/index.html
ビール工場	全国ビール工場見学マップ（ビール★パラダイス）	http://www.beerpara.com/beer-factory/
セメント	全国セメント工場めぐり（一般社団法人セメント協会）	http://www.jcassoc.or.jp/cement/1jpn/jg3.html

◉図3-30：工場の立地と住所をまとめたWebサイト

◉図 3-31：北海道に集中するテストコース

◉図 3-32：トヨタ自動車の「士別テストコース」

08 観光からツーリズムへ
外国人旅行客の移動と受け入れの地図

最近、旅行産業では、物見遊山的な「観光」から、様々な体験や滞在、会議やスポーツイベントなど、より明確な目的を持った旅行である「ツーリズム」の提案がなされるようになってきました。

ゆったりとした旅程を組み、移動よりも滞在を楽しむ旅に慣れたヨーロッパでは、予算に合わせた旅の楽しみ方がある一方で、中国など団体での買い物を重視する国もあり、近年増加する外国人観光客の受け入れにも、それぞれの出発地の地域性やニーズに合わせたもてなしを考える必要があるようです。

外国からの訪問者数を国別に比較してみると、上位にはヨーロッパの国々が並びます（図3-33、3-34）。EU加盟国間は人の移動が容易で、バカンスの伝統もあることが、数字を押し上げる要因となっています。さらに歴史的な景観や美味しい食事など、世界中の人々を惹きつける魅力があるのでしょう。ちなみに、日本は世界で27位。アジアでは8位で、サウジアラビアや韓国、シンガポール、香港といった、日本よりも人口が少ない国にも大きく溝を開けられています（2013年統計）。とはいえ、日本への外国人旅行客は年々増加しています。

図3-35は、市場調査会社の「Euro monitor international」社が行った「都市別観光客数ランキング」（2012年）で、外国人観光客の年間訪問数の上位100都市を地図化したものです[※1]。

赤い星印で示した上位10都市を挙げると、1位が香港（2,377万人）、2位シンガポール（2,134万人）、3位バンコク（1,582万人）、4位ロンドン（1,546万人）、5位マカオ（1,336万人）、6位クアラルンプール（1,334万人）、7位深圳《シンセン》（1,200万人）、8位ニューヨーク（1,162万人）、9位アンタリャ（トルコ）（1,029万人）、10位パリ（978万人）でした。

中国をはじめ、アジアの都市も多くの観光客を集めていますが、集客力のある都市は特にヨーロッパに集中していることがわかります。先進国同士が陸続きで、

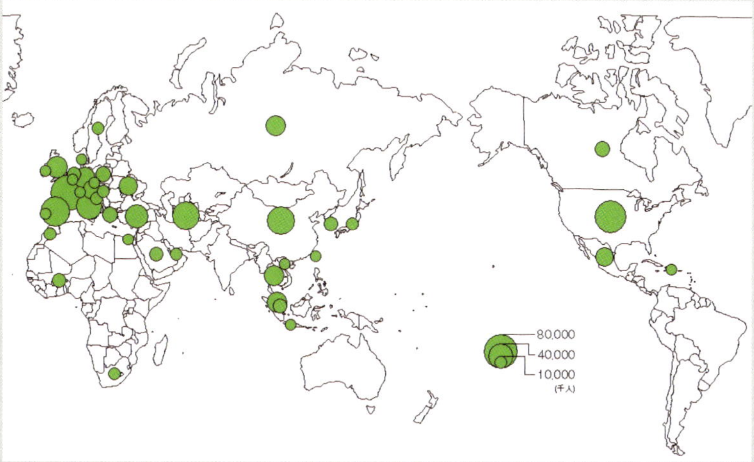

◉図 3-33：世界の外国人訪問者数（2013年）

順位	国名	外国人訪問者数（千人）
1	フランス	83,013
2	アメリカ合衆国	69,768
3	スペイン	60,661
4	中華人民共和国	55,686
5	イタリア	47,704
6	トルコ	37,795
7	ドイツ	31,545
8	イギリス	31,169
9	ロシア	28,356
10	タイ	26,547
	・・・	・・・
27	日本	10,364
11	カナダ	126065

◉図 3-34：国別の外国人訪問者数（2013年）

〈日本政府観光局（JNTO）より作成〉

交通網が発達し、周遊観光がしやすいことや、それぞれの都市に魅力があり、域内外から多くの観光客を集めていることが想像できます。ちなみに、日本の東京は375万人で、36位でした。上海（20位）、モスクワ（24位）、北京（25位）よりも少ないのはともあれ、ブダペスト（ハンガリー）（27位）、ソフィア（ブルガリア）（30位）、ホーチミン（ベトナム）（33位）、リマ（ペルー）（34位）あたりと同じくらいとなると、もう少し頑張ってほしいところです。

ちなみに、東京都がまとめた「訪都旅行者数等の実態調査結果[※2]」（平成26年版）によると、平成26年（2014年）の1年間に東京を訪れた外国人観光客は約887万人で、この数値を世界ランキングに当てはめてみると、11位（イスタンブール：882万人）、12位（ローマ：867万人）あたりにまで上昇しました。

図3-36は、日本への外国人旅行客の推移を2003年と2013年とで比較したものです。全体的に増加している中で、特に中国・台湾と、東南アジアからの旅行客が増えているのが特徴です。

アジアからの外国人観光客のイメージは、国によっては何十年か前の日本の団体観光客そのものです（実は、そういうスタイルの旅行に対応して作られた古いインフラを有効利用している面もあります）。しかし、個人旅行が定着した国（台湾や韓国など）では、日本の地域ごと、テーマごとに掘り下げたガイドブックもたくさん出されており、北海道や九州にリピーターとして訪れる人も少なくありません。1回限りの「観光客」の誘致から、リピーター客をどう呼び寄せるか、長く滞在していかにゆったりしてもらうかが、これからの観光振興の課題と言えます。

※1　Euro monitor international "Top 100 City Destinations Ranking"
http://blog.euromonitor.com/2014/01/euromonitor-internationals-top-city-destinations-ranking.html
※2　東京都「訪都旅行者数等の実態調査結果」
http://www.metro.tokyo.jp/INET/CHOUSA/2015/09/60p97200.htm

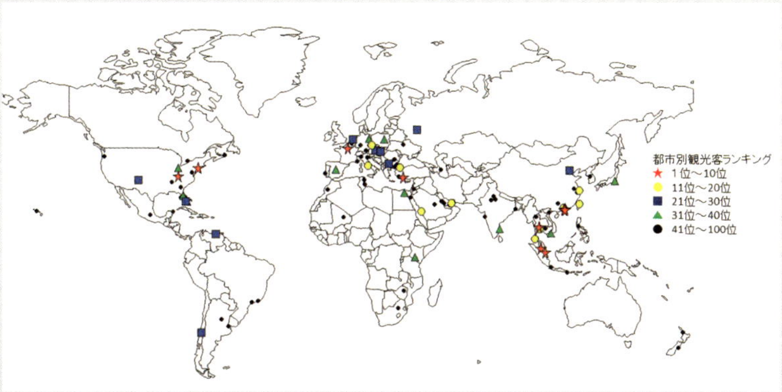

◉図 3-35：都市別観光客数ランキング

順位	国名	訪日数 2003年（人）	訪日数 2013年（人）	増減数（人）	増加率（%）
1	大韓民国	1,459,333	2,456,165	996,832	68.3
2	台湾	785,379	2,210,821	1,425,442	181.5
3	中華人民共和国	448,782	1,314,437	865,655	192.9
4	アメリカ合衆国	655,821	799,280	143,459	21.9
5	タイ	80,022	453,642	373,620	466.9
6	オーストラリア	172,134	244,569	72,435	42.1
7	イギリス	200,543	191,798	-8,745	-4.4
8	シンガポール	76,896	189,280	112,384	146.2
9	マレーシア	65,369	176,521	111,152	170.0
10	フランス	85,179	154,892	69,713	81.8
11	カナダ	126,065	152,766	26,701	21.2

◉図 3-36：おもな国の訪日外国人数と増加率

〈日本政府観光局（JNTO）より作成〉

コラム ③

湧き水地形と女子高校

今は共学化が進んでわずかになってしまいましたが、かつては全国いたるところに公立（都道府県立）の女子高校がありました。

私が勤務している静岡県にも女子高校（旧制の女学校・高等女学校）がルーツの学校がいくつかあります。中には女子だけの「定時制課程」を持っていた学校もあり、そうした学校では午前・午後・夜間の三部制で授業を行っていたとの記録が残っています。

こうした「女子定時制課程」を持つ学校の多くは、付近に大きな紡績工場を抱えていた歴史があります。中学校を出たばかりの生徒が各地から集まり、会社の寮で寝起きしながら交代で高校に通うため、彼女たちの勤務シフトに合わせて学校が動いていたわけです。きれいで豊かな水が工場を呼び、工場が女子を引き付けたのです。

彼女たちのクラブ活動として、一斉を風靡したのがバレーボールでした。東京オリンピックで「東洋の魔女」と称えられた日本代表チームも、大阪の貝塚紡績バレー部のメンバーを主体に構成されていました。

「柿田川湧水」のそばには、「大東紡」という紡績工場があり、現在は大型のショッピングモールになっています。近隣の三島市、沼津市には女子高ルーツの学校がいくつかありますが、県内で常に上位を争うバレーボールの名門校が揃っていますし、Ｖリーグチームの「東レ・アローズ」は三島市に本拠地を置いています。

●図１：三島市～沼津市の地形と高等学校の分布　●印が共学校、▲印が県立の女子高校（現在は共学）

〈国土地理院〉

第4章

資源・エネルギーを地図化する

01
地図で見る電力❶
国境を越える電力

東日本大震災の直後、関東地方を中心に電力の不足が懸念され、大規模な「計画停電」が行われました。各地域の電力会社は日々電気を融通し合っていること、ある程度余裕を持って発電し、消費しないと「ブラックアウト[※1]」になる可能性があるなど、電力供給のしくみとアキレス腱を目の当たりにする機会となりました。

世界に目を向けてみると、国を越えた電気のやり取りは日常的に行われています。図4-1、4-2で「電力の貿易」を統計と地図でまとめてみました。

2007年に加盟27カ国に対して「電力自由化指令」を出したEUでは、発電と送電会社が分離され、顧客がどの国の会社と契約して電気料金を支払うかは完全に自由化されています。つまり、どの国も電気輸出国であり、輸入国でもあるわけです。特に、水力発電や地熱発電など、低コストで大量の電力を供給できる国の中には、電気が重要な「輸出商品」になっているところもあります。

図4-3は、ヨーロッパ各国の発電量と輸出配分率（発電量の何割を輸出に回しているか）をまとめたものです。20世紀の終わりから21世紀初頭にかけてEU加盟を果たした東欧諸国や、南ドイツ・北イタリアの工業地域に近いスイスで発電された電力が輸出に回される比率が高くなっています。輸出配分率が最も高いのは、旧バルト三国の一つエストニア（82.0%）で、次いで旧ユーゴスラビアのスロベニア（66.4%）、ラトビア（56.0%）、スイス（54.1%）、チェコ（45.6%）と続きます。輸出電力量が世界一のフランスの輸出配分率は電力13.4%、ドイツは13.3%です。電力の輸入国の順位を見てみると、地続きの隣国から低コストで電力を調達できる環境にある国が多いことがわかります。

※1　英語で「停電」を指す言葉だが、突発的かつ広範囲にわたって電力の供給が遮断される場合に用いられることが多い。アメリカ東海岸で2003年8月14日に発生した大停電では、復旧まで29時間を要し、5000万人に影響を与えた。被害額は金融機関だけでも7000億円に及んだという。

	輸出国	輸出量（10億 kWh）	輸入国	輸入高（10億 kWh）
1位	フランス	65.914	フィンランド	19.089
2位	ドイツ	54.768	デンマーク	15.920
3位	カナダ	51.076	フランス	12.213
4位	パラグアイ	46.120	香港	11.808
5位	スイス	32.237	チェコ	11.587
6位	チェコ	27.501	タイ	10.527
7位	ロシア	24.111	イラク	8.201
8位	スウェーデン	19.714	アルゼンチン	8.116
9位	中国	19.320	リトアニア	8.062
10位	オーストリア	16.777	中国	6.874

◉図 4-1：電力の輸出入（2011年）

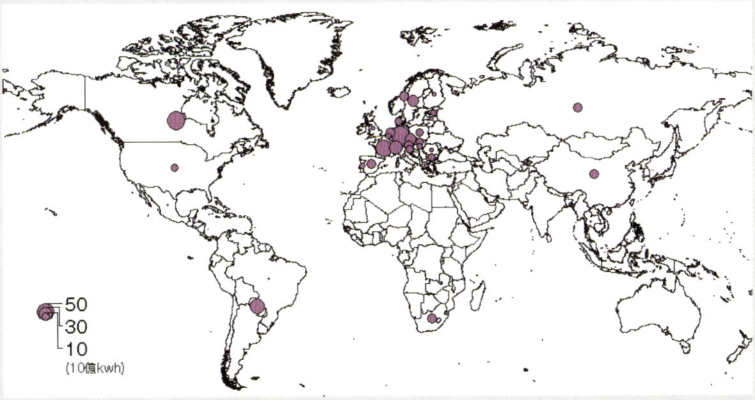

◉図 4-2：世界の電力輸出国（単位：10億 kWh）

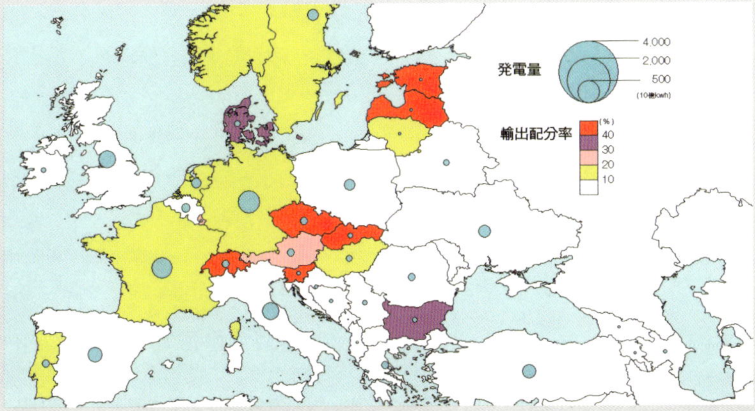

◉図 4-3：ヨーロッパ各国の発電量と輸出配分率（単位：10億 kWh）　〈International Energy Statics より〉

02 地図で見る電力②
発電所の分布と発電の地域性

日本の発電所の統計を使って、発電所の分布と、発電量の地域的な偏りを確認してみます。

図4-4は、日本のおもな水力発電所の分布と発電量（2010年）です。資源エネルギー庁の「電力統計」によると、水力発電所は現在1,259カ所あり、発電所数の84.1％（2013年）を占めますが、発電量に占めるシェアは19.3％です。

日本で最初の発電所は水力発電でした。「日本の発電所の歴史[※1]」（水力ドットコム）によると、宮城県の紡績会社が1888年（明治21年）に設立した三居沢発電所が最も古いとのことです。発電した電気を販売する、電力事業用の発電所では、1892年（明治25年）に京都市の東山にできた「蹴上発電所」（現存）が知られています。

戦前まで、電力会社は「電燈会社」と呼ばれ、発電所の建設工事から送電網の整備、契約者の獲得に至るまで、大小様々な会社が競い合っていました。最初は工場などの大口需要家との契約で資本を蓄積し、その後、家庭用の電力にも進出していきました。激しい値引き競争の中で、同じ家が2社以上の会社と契約することもあったようです。

電燈会社間の競争は、ダムの建設競争にも及ぶようになり、さらにコスト削減のために送電網の品質が安定せず、漏電火災も頻発したため、昭和の初め頃から国家による電力の管理政策が進められることになります。1941年（昭和16年）に出された「配電統制令」により、各電燈会社は全国9ブロック（北海道・東北・関東・中部・北陸・近畿・中国・四国・九州）の配電会社に統合されます。この「日本発送電」は、1951年（昭和26年）に解散しましたが、1ブロック1電力会社の独占体制はそのまま維持されました（1972年の沖縄本土復帰後、「沖縄電力」が加わり、現在は10電力会社体制になっています）。

出力10,000kW未満の水力発電所を、電力業界では「小規模水力発電所」と

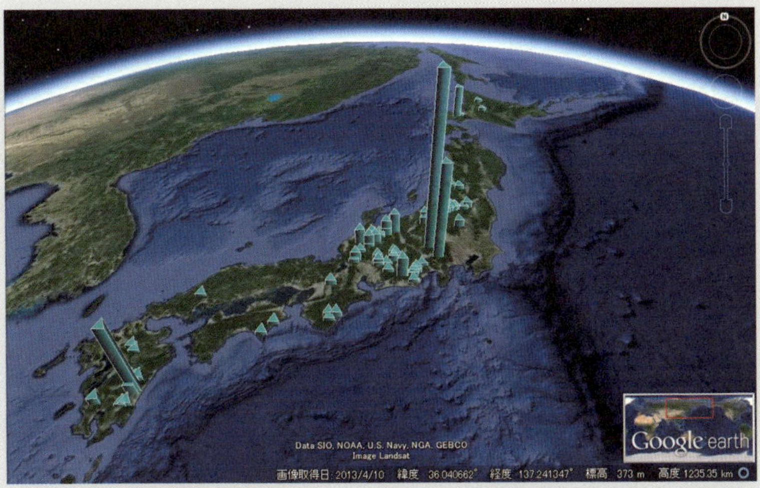

◉図 4-4：おもな水力発電所の分布と発電量

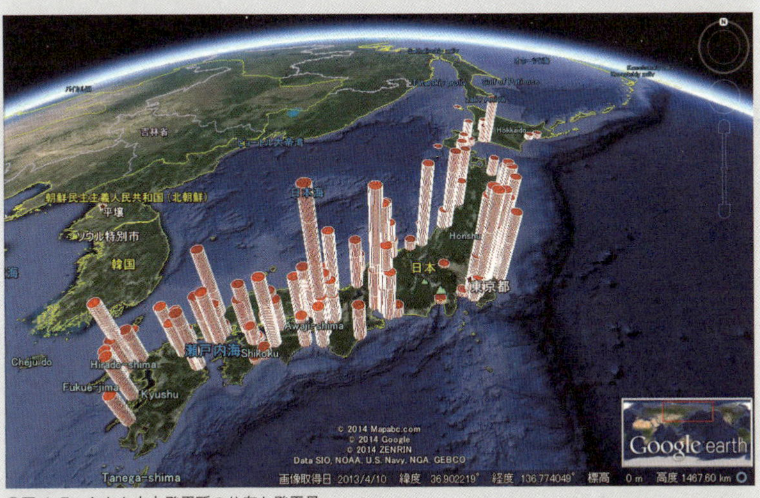

◉図 4-5：おもな火力発電所の分布と発電量

呼んでいますが、1,000kW以下の発電所については、新エネルギー法（1997年施行）の施行令改正（2008年4月施行）により「新エネルギー」として扱われることになり、自治体やNPOなど、電力会社以外の事業者による設置が相次いでいます。

火力発電所は、需要の多い大都市圏の沿岸部に集中しています（図4-5）。発電能力（認可最大出力：2013年）を電力会社別に見ると、東京電力がトップ（33%）、次いで中部電力（19%）、関西電力（14%）と、三大都市圏で7割近くを占めます。

原子力発電所の分布（図4-6）で目を引くのは、その出力の高さです。火力発電所の分布図と重ねてみると、出力の高さが実感できます。東京電力は、東北電力管内に3つの原子力発電所を所有しています（柏崎刈羽・福島第一・福島第二）が、この3つの発電所から発電される電力量だけで、東北電力が所有する発電所（210カ所）の電力量を上回っていました。2011年1月のデータでは、東北電力の認可総発電量が1,682万kWに対し、東北電力管内における原子力発電所の認可発電量は1,730万kWでした。

図4-7は、火力発電所の地図と原子力発電所の地図を重ねたものです。火力発電所は、人口の密集する大都市の沿岸部にも立地しますが、原子力発電所は人口密度の少ない地方の沿岸部のみに立地しています。

2011年3月11日に起きた東日本大震災以来、原子力発電所は運転を停止し、火力発電への依存度が高まりました。電気事業者の燃料消費量は、2010年度に6,298,686キロリットル（重油）だったものが、2011年度には11,824,182キロリットルまで上昇しました[※2]。最近は、電力会社以外の企業（製鉄所や製紙工場など）が自家発電した電力を送電して販売したり、廃材やごみを燃やして電力を得るバイオマスエネルギーによる発電が注目されています。原子力発電がまかなってきた電力を火力や他の代替エネルギーで補うことは、相当大変であることが読み取れます。ただ、これまでのような、大規模な発電所で一度にたくさんの電力を作って送電する（距離が遠い分、ロスも大きい）モデルから、小規模水力発電や太陽光発電など、できる限り消費地に近い場所で発電して使う「電力の地産地消」も考えていかなければならないと思います。

※1　「日本の発電所の歴史」（水力ドットコム）　http://www.suiryoku.com/history/m20.html
※2　資源エネルギー庁「電力調査統計」（平成24年版）

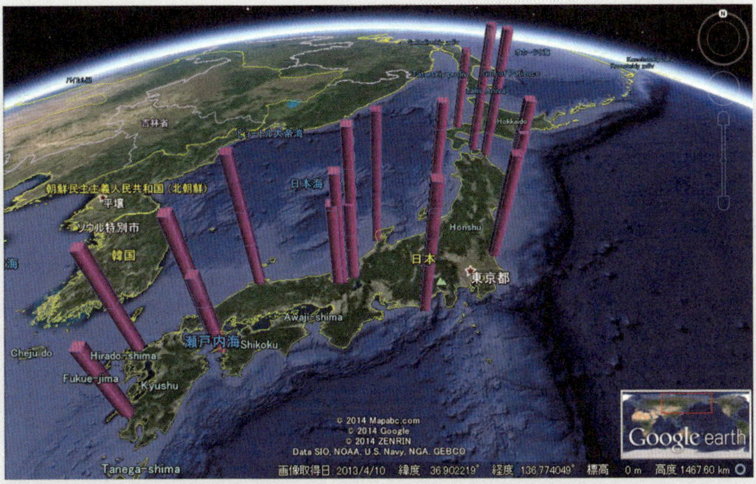

◉図 4-6：原子力発電所の分布と発電量

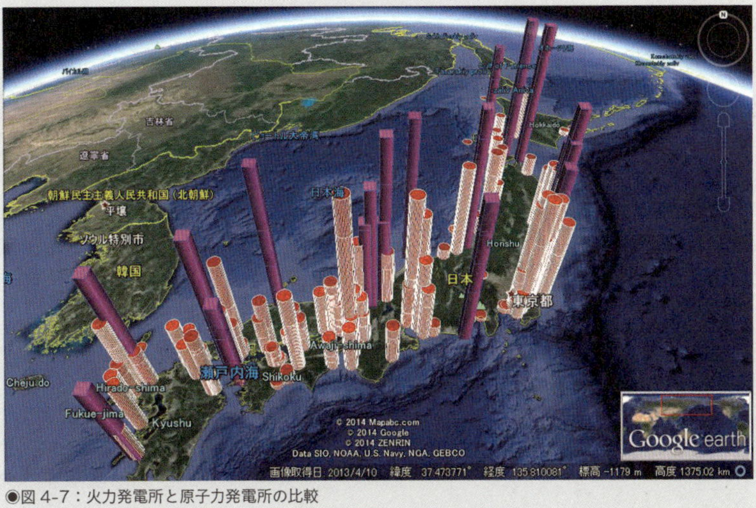

◉図 4-7：火力発電所と原子力発電所の比較

03
変化する「産油国」

イギリスの石油会社BP（ブリティッシュ・ペトロウム）社は毎年、世界の石油の生産や輸出入に関して詳細な統計をまとめています。Webサイトでは、1965年からのデータを見ることができます。※1

図4-8は、1965年の各国の産油量（単位：千バレル／日）です。「バレル」は、油に使われる単位で、1バレルは約256リットルです。最も産油量が多いのはアメリカで、1日あたり約900万バレルです。2位はソ連（485.8万バレル／日）でした。ソ連はシベリアやカスピ海沿岸の油田からパイプライン網を張り巡らし、東欧諸国に安く提供することで、経済的な依存関係を強めていました。

図4-9は、1975年の統計です。オイルショック（1973年）のあと、中東のOPEC諸国の増産が進み、「オイルマネー」の蓄積が進みます。ノルウェーが統計に登場するようになり、「北海油田」の開発が始まったことがわかります。

図4-10は、1990年の統計です。ソ連の崩壊により、産油量が一時的に減少しましたが、ロシアは1日あたり1,034万バレルで、世界一の産油量を誇っています。2013年の産油国の分布を見ると、相変わらず中東のシェアが高いものの、分布域は多岐にわたっています（図4-11）。特に、これまであまり油田のなかった赤道以南の国々（アンゴラ、ブラジル、アルゼンチン、オーストラリア）での油田開発が進んでいます。

産油能力の推移を国別に追ってみると（図4-12）、戦後の石油をめぐる各国の駆け引きが見て取れます。近年は、新興国の需要や投機商品化に伴う原油高に支えられて各国とも増産に転じていますが、アメリカとロシアの伸びが著しいことがわかります。

※1　BP "History of the review"
http://www.bp.com/en/global/corporate/about-bp/energy-economics/statistical-review-of-world-energy/statistical-review-1951-2011.html

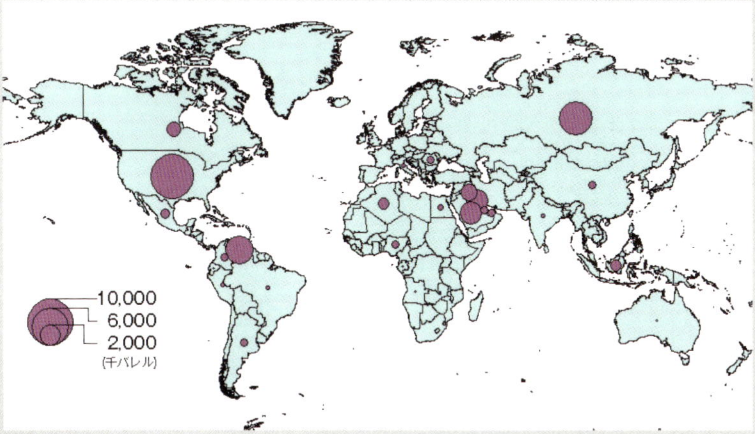

◉図 4-8：世界の国別産油量 1965年（単位：千バレル／日）

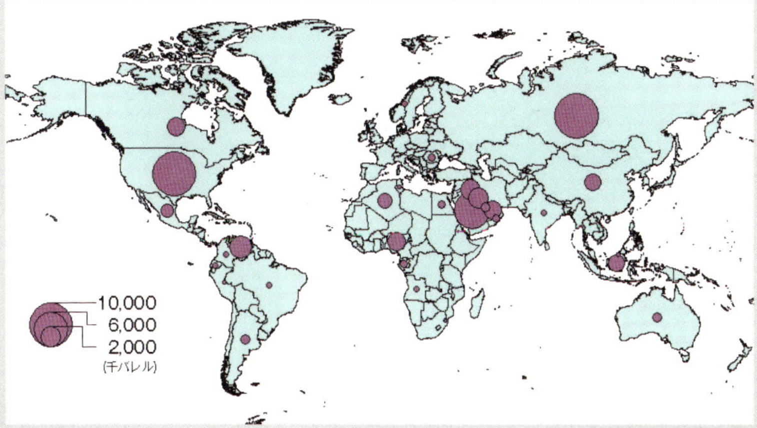

◉図 4-9：世界の国別産油量 1975年（単位：千バレル／日）

〈BP "History of the review" より〉

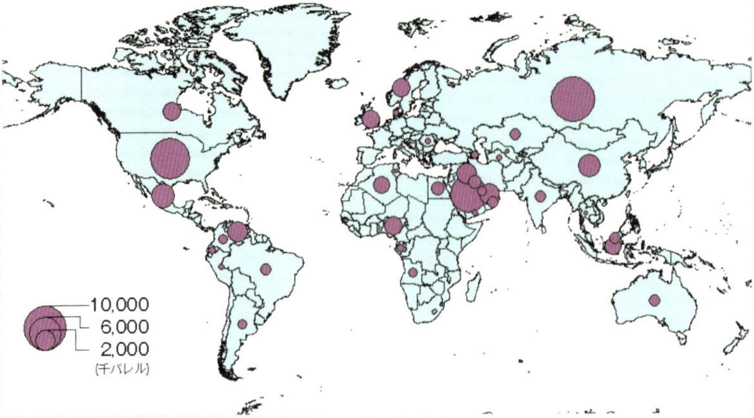

●図 4-10：世界の国別産油量 1990年（単位：千バレル／日）

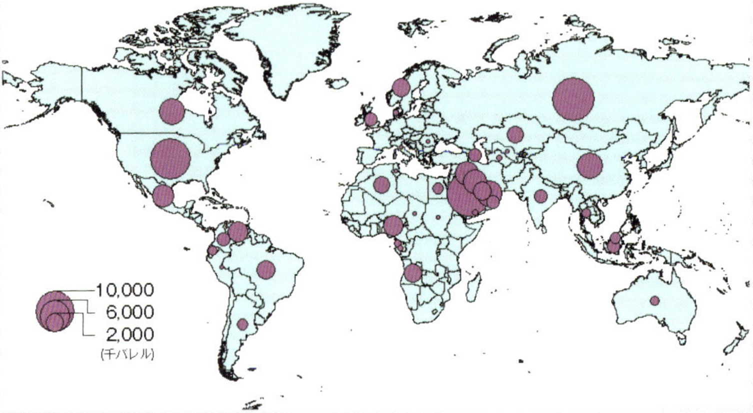

●図 4-11：世界の国別産油量 2013年（単位：千バレル／日）

〈BP "History of the review" より〉

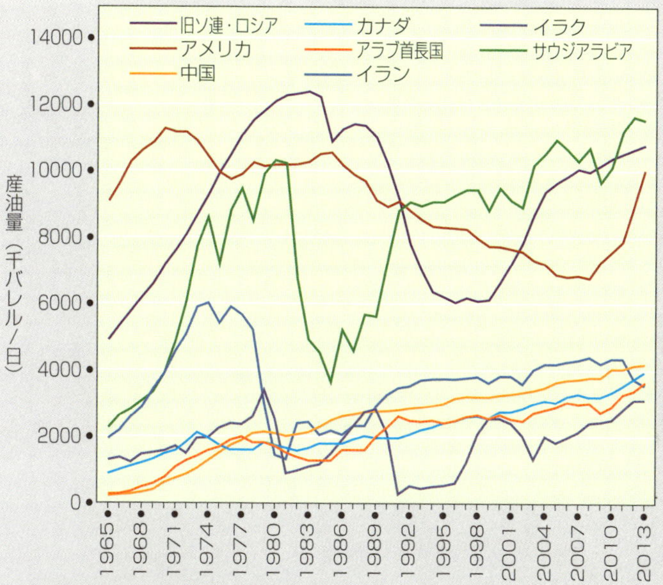

◉図 4-12：国別の産油能力の推移（1965〜2013年）（単位：千バレル／日）

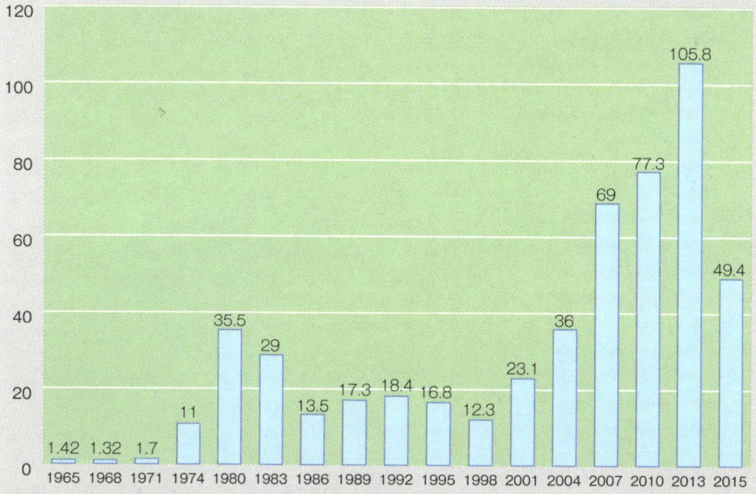

◉図 4-13：原油価格の推移（1バレルあたり）

〈BP "History of the review" より〉

04 Google Earthで見る世界の鉱山

Google Earthで鉱山の位置情報を提供しているサイトがありますので、それを使って巨大な露天掘り鉱山の分布と景観を見てみます[※1]。

図4-14は、ヨーロッパの鉄鉱石の鉱山（鉄山）の分布です。ヨーロッパでは、岩石の中に含まれている砂鉄が古くから資源として使われてきましたが、18世紀末に鉄分を含み磁力を帯びた石（磁鉄鉱）から鉄を取り出す技術が確立されると、ヨーロッパ中で近代製鉄業が起こりました。特に産出量が多いのが、スペインの北部、バスク地方と、スウェーデンのスカンジナビア山中にあるキルナ、エリバレ鉄山です。ヨーロッパの産業革命をけん引したイギリスとドイツは、国内で産出する石炭と外国の鉄山を結び付けることで、鉄道や機械を造りました。

最近では、露天掘りで大量に採掘する中南米産の鉄鉱石が多く出回っています。ブラジル最大の鉄山であるカラジャス鉄山（図4-15）は、1960年に政府の内陸開発プロジェクトで発見された鉱山で、大規模な露天掘りが行われています。

鉄鉱石の鉱山の多くは、地質学の時代区分では「安定陸塊」に属します。地理の授業では、「安定陸塊では、鉄鉱石の産出が多い」と教えることが多く、日本は鉄鉱石のほとんどを輸入に頼っていますので、「新期造山帯の日本では鉄鉱石は採れない」と誤解している生徒も多いのですが、そんなことはありません。いま、露天掘りで鉄鉱石が採れる「縞状鉄鉱床」は、今から38億年～19億年前の先カンブリア紀の海で大量発生した植物の祖先（ケイ藻類）が光合成することによって発生した酸素と、海水中の鉄イオンが結び付いてできた酸化鉄の堆積物が大半を占めています。この時代の海底堆積層が隆起して、その後火山活動や断層運動などによる変化を受けることなく平坦な土地（楯状地・卓状地と言う）になっている場所が「安定陸塊」です。つまり「安定陸塊だから鉄鉱石が採れる」のではなく、「安定陸塊の方が、鉄鉱石の採掘コストを安く抑えられるので、現役の鉄鉱山が多い」ということなのです。

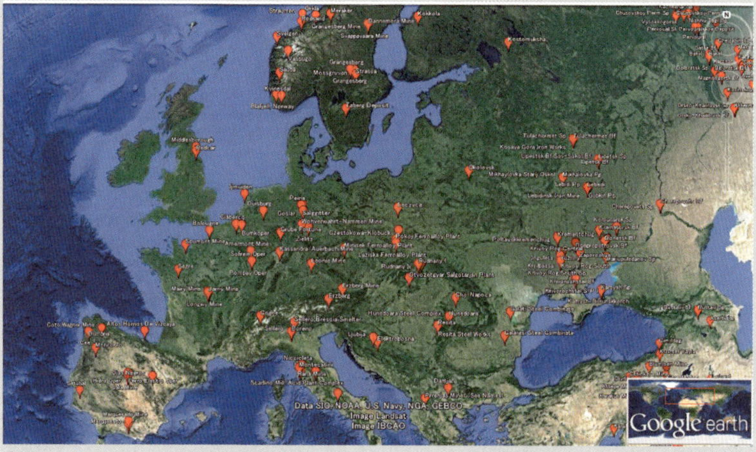

◉図 4-14：ヨーロッパの鉄山の分布

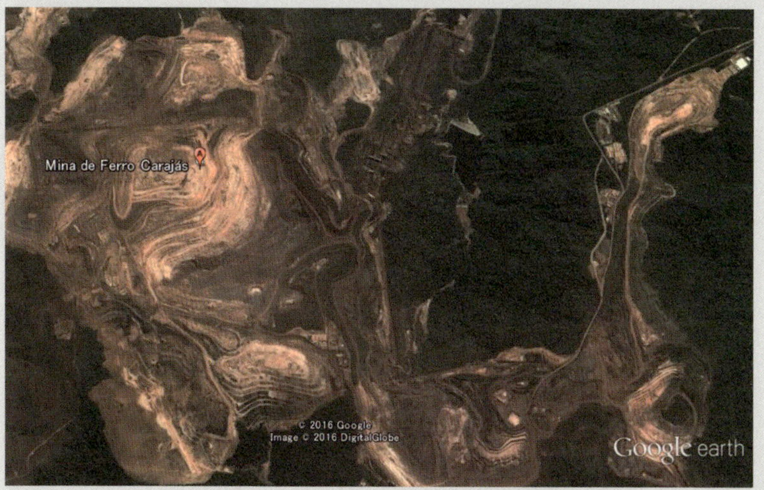

◉図 4-15：カラジャス鉄山の露天掘り（ブラジル）

銅鉱石は、日本を含めて世界中で採れる金属ですが、現在、チリが世界の産出量の33.9％(2010年)を占めています。アンデス山脈沿いの乾燥地に点在する鉱山群は、巨大な露天掘りや、地下奥深くに潜る大規模な採掘施設を見ることができます。中でも、同国北部のサンホセ鉱山(図4-16)は、2010年8月に落盤事故が発生し、33人の作業員が生き埋めになり、69日後に全員が救出されて、世界的に有名になりました(図4-17)。このとき、高地の砂漠で働く鉱山労働者の生活環境や、同国の貧富の格差などがクローズアップされました。

世界地図の上に鉱山の分布を落とし込むと、一見とても偏っているように見えます。しかし、日本を含めて、鉱産資源のない国はありません。採掘される鉱石に含まれる金属の含有量や採掘コスト(設備費や人件費、輸送費、製錬費、環境対策費)を総合して採算がとれる鉱山が選択されるのです。逆の見方をすれば、大規模に採掘が行われ、生産量が多い鉱山では、人や環境に何らかの負担を強いています。

掘り出した鉱石から、必要な金属を取り出す作業を製錬《せいれん》と言います。鉱石そのものを販売、輸出するよりは、採掘した場所に近いところで純度の高い地金《じがね》に加工した方が価格も上がり、輸送コストも下げることができます。このため、多くの国では鉱山の開発は製錬場の建設とセットで行われてきました。明治以後、日本で採掘が行われた鉱山の多くが製錬場を有しています。ただ、製錬に必要なコストをできる限り抑えるために、環境を破壊したり、製錬の際に出される廃棄物や廃液の処理がずさんだと、周辺の環境に悪影響を与えることも少なくありません。古くは栃木県足尾市の「足尾銅山鉱毒事件」、戦後は富山県で「イタイイタイ病」を引き起こした岐阜県の三井金属神岡事業所[※2]の例があります。途上国の鉱山では、同様の「鉱毒」問題や「電気製錬(硫酸等で溶かした溶液を電気分解して金属を取り出す)」用ダムの建設による周辺環境への影響なども懸念されています。

※1 http://blog.geoblogspot.com/2008/04/mineral-resources-world.html
※2 神通川に流れた廃液が下流の富山県に被害をもたらした。現在、鉱山の跡地に東京大学宇宙線研究所が「カミオカンデ」「スーパーカミオカンデ」を設置。

◉図 4-16：サンホセ銅鉱山（チリ） © Google

◉図 4-17：69日後に救出されたチリ・サンホセ銅鉱山の労働者
(https://es.wikipedia.org/wiki/Derrumbe_de_la_mina_San_José)
〈撮影：Gobiemo de Chile〉

コラム 4

水と電気の島 屋久島

世界遺産の屋久杉で知られる鹿児島県の屋久島は、日本有数の多雨地帯でもあります。

年間の平均降水量は4,000㎜、島の中央部では8,000㎜にも達します。

屋久島では、この豊富な水を活かして、島で使う電力の96%を水力発電でまかなっています。しかも、供給しているのは大手の電力会社ではなく、「屋久島電工」という地元の企業です。この会社は、島で採れるケイ素をもとに、安い電力を使って炭化ケイ素（液晶テレビの素材の一部）を生産する工場で、余った電力を島内に供給しています。

島に2つある水力発電所で発電される電気は305,242MWh（2007年）ありますが、島の電力の総需要は業務用・家庭用合わせて64,239MWh（同年）にすぎませんので、相当な量の電力が使いきれずに捨てられている状態です。

そこで2011年から、この島の各所に電気自動車の充電スタンドを設置して、レンタカーを中心に電気自動車を普及させる実験が始まりました。世界遺産の島の CO_2 を減らすことと、余った電力を蓄電する手段として一石二鳥です。東日本大震災以来、脱原発、ローカルエネルギーが注目されていますが、そうした動きを先取りする、島の取り組みに注目していきたいところです。

◉図1：公衆電話ボックスを利用した電気自動車の充電スタンド〈写真提供：前鹿児島県立屋久島高校（現：出水高校）教諭永田聖史氏〉
雨の多い屋久島では充電スタンドの防水対策も課題。電気自動車は公用車やレンタカーなどで活用されている。

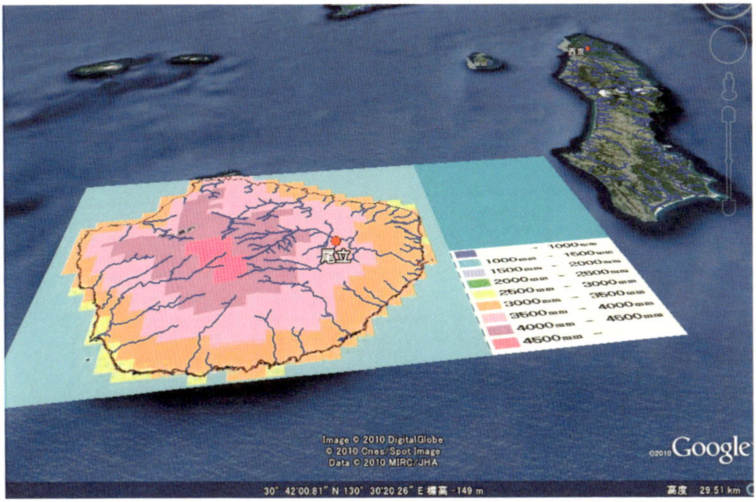

◉図２：屋久島の年間降水量とおもな河川
「国土数値情報 Web マッピングシステム」で作図し Google Earth に重ねた。屋久島は沿岸部で 3,000㎜以上、中央で 4,500㎜以上の降水量がある。

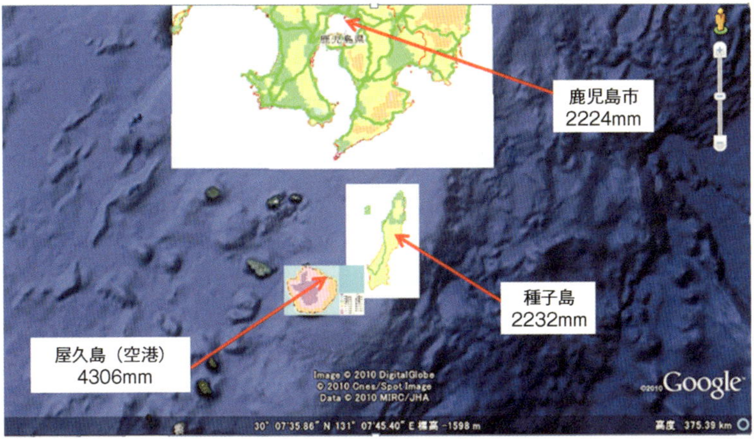

◉図３：屋久島周辺地域の年間降水量の比較
鹿児島市付近の 2,000㎜台に対し、屋久島は空港付近で 4,000㎜以上ある。

第5章

生活・文化を地図化する

5

01 「宗教の地図」を読む❶

世界の「宗教地図」は正しいか？

地図帳を開くと、「世界の宗教と信者の分布」を表した図があります（図5-1）。しかし注意しなければならないのは、地域も人の属性も、「ここ（この人）は何教（の何派）」と断定しきれないことです。また、国によって対象となる地域のスケール（国単位なのか州・市町村単位なのか）や、宗教と居住区が明確にリンクしている国・地域なのかを踏まえる必要があります。例えば、イスラエルの首都エルサレムや旧ユーゴスラビアのように、宗教ごとに住民の居住区がはっきりと分けられている場所では、深刻な対立や紛争を抱えています。

世界各国の宗教別人口は、CIA（アメリカ中央情報局）が毎年統計にまとめていて、インターネットで公開しています[※1]。図5-2は、アメリカのニュースサイトが、このデータを使ってアメリカの宗教問題について問題提起する記事を掲載した際に使ったものと同様の地図です。

学校の地図帳では「キリスト教の国」と記されるアメリカ合衆国において、キリスト教の人口は全体の78.5％にすぎません。その中でも「主流派である」と解説される「プロテスタント」の信者は、半分しかいないことがわかります。メキシコやラテンアメリカからの移民であるヒスパニックの多くはカトリックの信者ですし、アジアなど非キリスト教圏からの移民も一定数いることを踏まえると、アメリカは「キリスト教の国」「WASPの国」（白人・アングロサクソン・プロテスタント＝アメリカ社会で指導的な立場の人に多い出自）とは言い切れません。

それでも、アメリカでは、大統領が聖書に手を置いて宣誓しますし、歴代の大統領のほとんどがプロテスタント信者（唯一の例外が、アイルランド系でカトリック信者だったケネディ）です。多くの国において「この国はこの宗教」と断定はできないものの、国によっては政治や社会に宗教が根強く息づいている点に注意を払いたいところです。

※1　https://www.cia.gov/library/publications/the-world-factbook/fields/2122.html

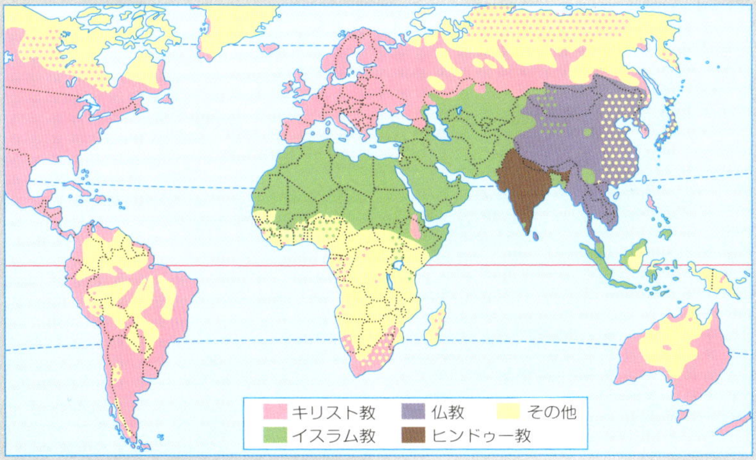

◉図 5-1：世界のおもな宗教の分布〈帝国書院『新詳地理 B』を参考に作成〉

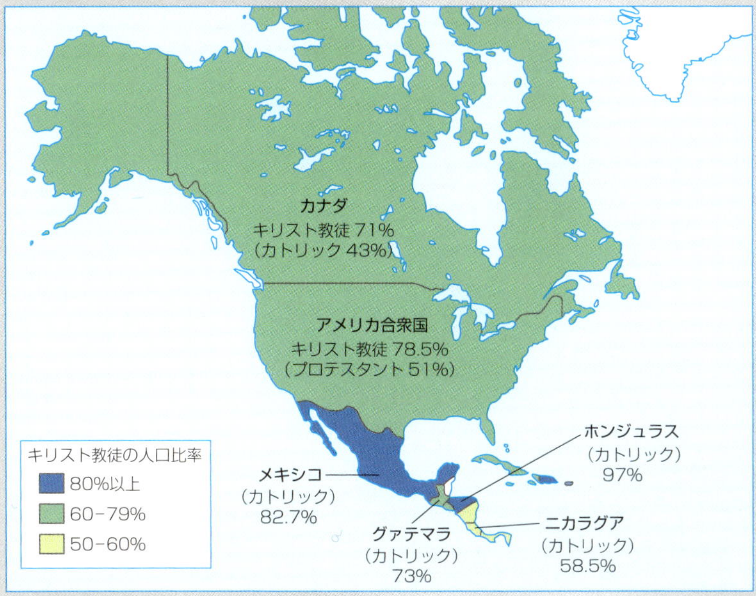

◉図 5-2：北米大陸の宗教人口　"These are the most religious places in the world (and what they're practicing) " global Post (2014.7.17) http://www.globalpost.com/dispatch/news/culture-lifestyle/world-religion/140715/map-most-religious-places〈『CIA Fact book』を参考に作成〉

02
「宗教の地図」を読む❷
「信心深い」土地はどこか？

文部科学省では、毎年1回、管轄する宗教法人・団体を対象に、「宗教統計調査」を行っています。昭和24年（1949年）から毎年行っているもので、平成24年度（2012年度）では、宗教法人・団体数は約22万件あるそうです。各団体から申告された信者数の合計は1億9710万835人と、日本の総人口1億2729万人より7,000万人も多くなっています。

日本で最も多い宗教団体は、神道系（神社など）で88,720件です。次いで仏教系（寺院など）85,238件、キリスト教系（教会など）は9,277件あります。

全国の統計では、お寺よりも神社の方が3,000件近く多いのですが、地域によってはお寺の数が神社の数を上回っているところがあります（図5-3）。神社の数が最も多い県は新潟県（4,764社）で、お寺の数が最も多いのは愛知県（4,611箇寺）です。関東や近畿地方、中京圏など人口が密集している地域では、神社よりもお寺の数が上回っています。

寺院の数は、江戸時代の初めに幕府が人口の把握とキリシタンの取り締まりのために、人々を寺院に所属させ、出生や死亡、婚姻などの記録を寺に行わせた「檀家制度」が大きく影響しています。人口が多い場所では、住民を管理する寺も多くなり、また新田開発や分家分村に合わせて寺の数も増えていったと考えられます。

人口1000人あたりの神社数が最も多いのは高知県（2.87）です。ただし、2.0以上の地域は、福井県（2.11）、富山県（2.09）、新潟県（2.01）と、北陸地方に集まっています。農業を重視する風土に加え、山地や河川で分断された小規模な集落が点在し、災害が多かったことが、神社の多さに関係しているのかもしれません（図5-4、5-5）。

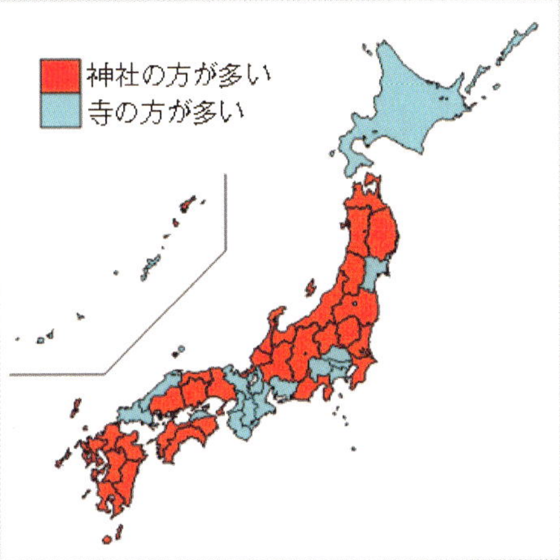

◉図 5-3：都道府県別 神社と寺院の数の比較

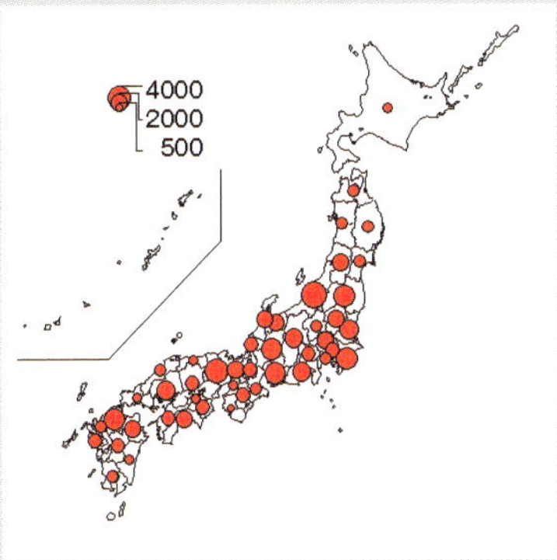

◉図 5-4：都道府県別 神社の数

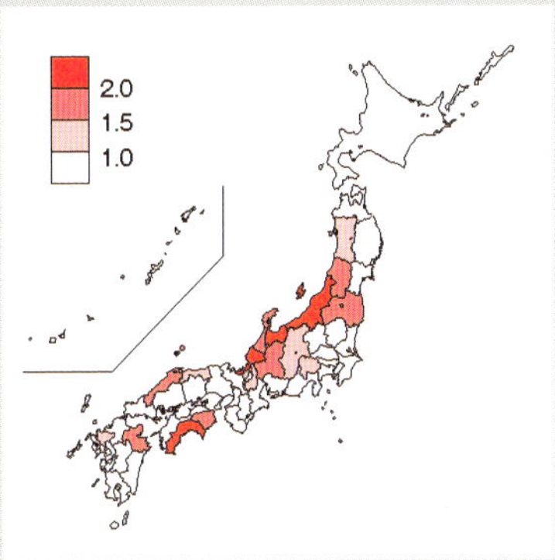

◉図 5-5：都道府県別 人口 1000人あたりの神社の数

〈文部科学省「宗教統計（平成 25年度版）」より作成〉

人口1000人あたりのお寺の数が最も多いのは滋賀県（2.26）で、次いで福井県（2.08）、それ以外は2.0以下でした。比叡山の塔頭寺院や、一向一揆に代表される浄土真宗のネットワークが関係しているのかもしれません（図5-6、5-7）。

キリスト教会が最も多い県は大阪府（2,654）、次いで東京都（2,387）、兵庫県（2,087）でした。人口比（1000人あたり）では、1位奈良県（0.63）、2位和歌山県（0.59）、3位徳島県（0.58）と、西日本で高い数値が出ています。一口にキリスト教会と言っても、江戸時代からのカトリックから、戦後普及した新興宗教系まで含みます。長崎や福岡が際立って高いということもありませんでした（図5-8、5-9）。

ちなみに、神社、寺院ともに日本で最も少ないのは沖縄県です。全県で神社が13、寺院が82しかありません。次に神社が少ないのは和歌山県で444、寺院が少ないのは宮崎県で348ですから、沖縄県の少なさが際立っています。ちなみにキリスト教会は240と、全国で40番目でした。琉球国時代以来の、祖先崇拝を基調とした独自の信仰があること、江戸時代に寺の「檀家制度」が敷かれなかったことなどが背景として考えられます。沖縄は、お墓の形も独特です。

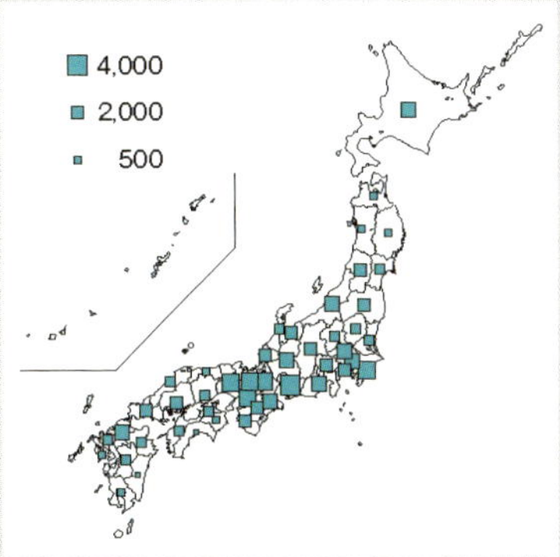

◉図 5-6：都道府県別 寺院の数

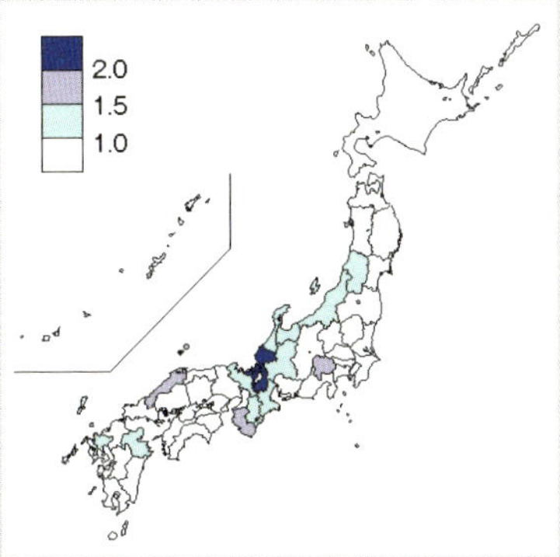

◉図 5-7：都道府県別 人口 1000人あたりの寺院数

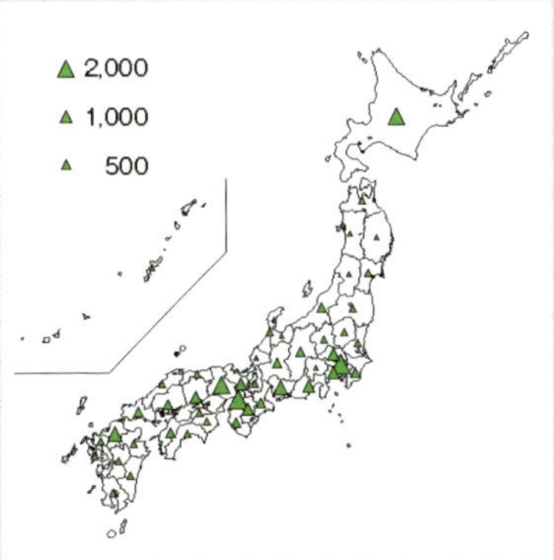

◉図 5-8：都道府県別 キリスト教会の数

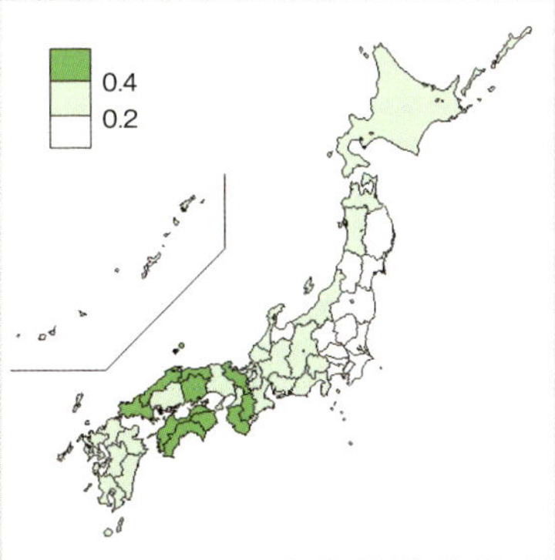

◉図 5-9：都道府県別 人口 1000人あたりのキリスト教会の数

〈文部科学省「宗教統計（平成 25年度版）」より作成〉

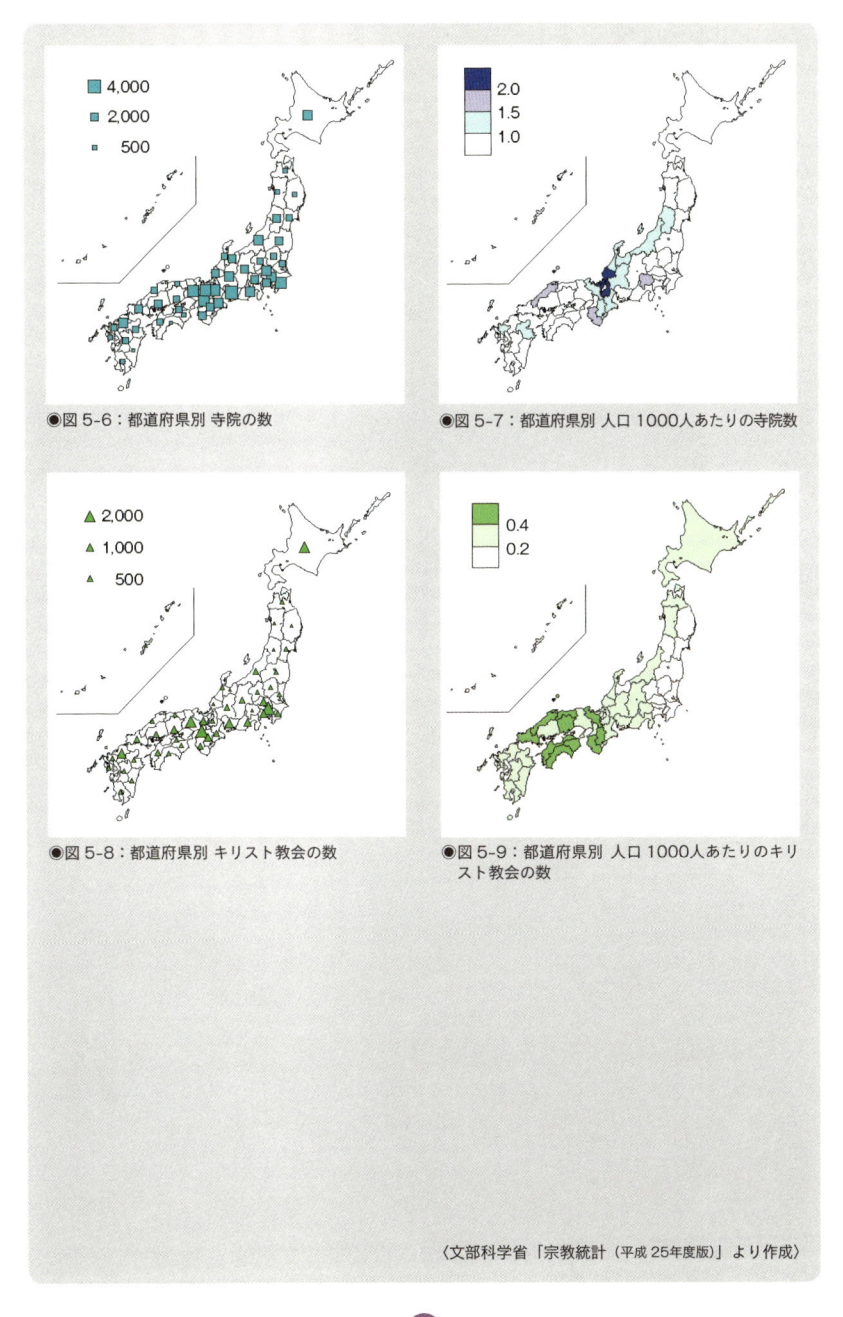

03
「家計調査」を地図化する❶
牛肉と豚肉の消費の地域性

総務省統計局がまとめている「家計調査」は、毎月更新されている公開データで、全国約9,000世帯を対象に、収入や支出の動向を明らかにしています。その中でも、「家計収支編」の「品目別都道府県庁所在市及び政令指定都市ランキング（2人以上の世帯）」は、様々な食品を対象に、各都市の消費額および消費量を比較できるので、消費の地域的な違いを見る上で役に立つ資料です。「ぎょうざの消費額日本一」や「納豆の消費額日本一」といったニュースが話題になりますが、このデータが根拠になっています。

特定の食品の消費額のランキングから地域性を探るのも面白いですが、この項では「肉といえば牛か？豚か？」について、日本を二分してみたいと思います。

図5-10は、牛肉よりも豚肉の消費額が多い地域です。県庁所在地を都道府県の代表値として、都道府県ごとに色分けしました（同一県内に政令指定都市が2つ以上ある場合は、県庁所在地の都市を代表値とした。以下同じ）。

静岡県から長野県よりも東では、豚肉の消費額が牛肉を1万円以上上回っています。最も差が大きかったのは新潟市（20,062円）、次いで福島市（17,189円）、札幌市（16,333円）でした。東北地方では「肉といえば豚」の傾向が強いようです。

図5-11は、逆に「豚よりも牛肉の消費額が高い地域」を示した地図です。差が最も大きかったのは京都市（10,958円）で、次いで大津市（9,222円）、和歌山市（9,159円）でした。関西圏では「肉といえばまず牛」という意識が高いのかもしれません。

ただ、気をつけて見ておかなければならないのは、西日本でも豚の消費額自体は決して少なくはないということです。図5-12は、豚肉の消費額の上位10県を塗りつぶしたものです。和歌山県や奈良県など、牛の消費額の方が多い県も入っており、豚肉の消費額自体もそれほど少なくないことがわかります。

最後に、豚肉の消費額と牛肉の消費額の合計値で地図を描いてみます。図

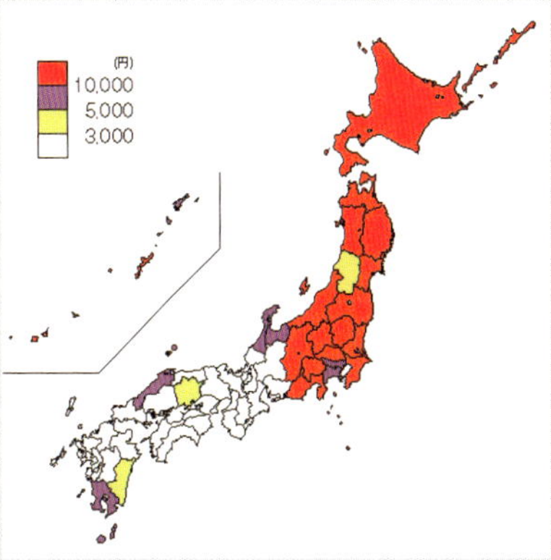

◉図 5-10：豚肉の消費額が牛肉を上回る地域とその差額

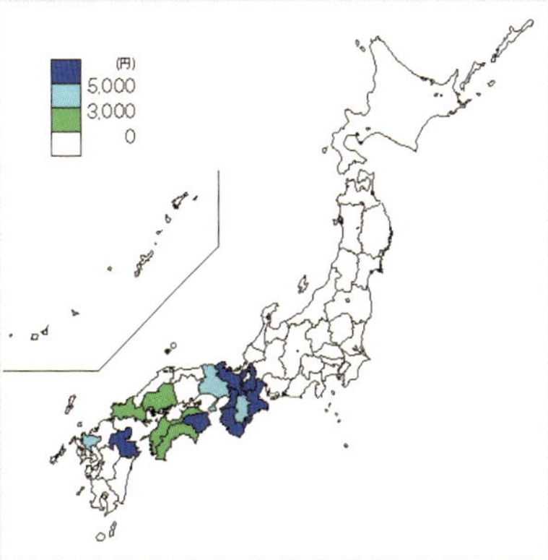

◉図 5-11：牛肉の消費額が豚肉を上回る地域とその差額

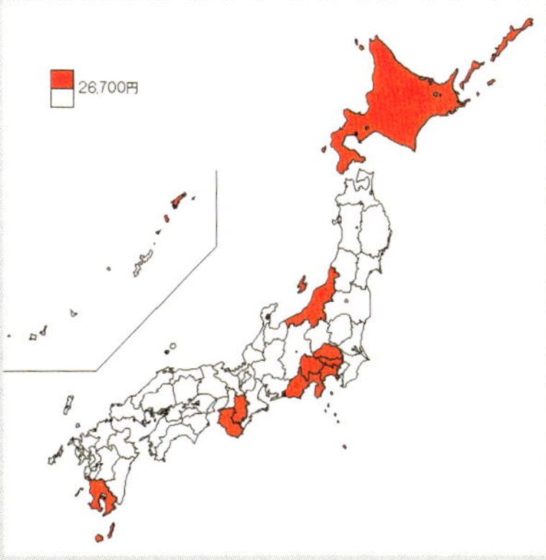

◉図 5-12：豚肉の消費額が多い県（上位 10県）

〈総務省「家計調査」品目別都道府県庁所在市及び政令指定都市ランキング（平成 24～26年平均より作成　http://www.stat.go.jp/data/kakei/5.htm）〉

5-13は、合計値が50,000円以上の地域（上位12県）、図5-14は、合計値が38,000円未満の地域（下位11県）です。

最も高かったのは和歌山市（63,853円）で、京都市（62,686円）、大津市（59,736円）、奈良市（58,671円）、大阪市（58,373円）、神戸市（55,044円）と、上位5市までを関西圏で独占します。最も低かったのは前橋市（30,936円）、次いで長野市（32,369円）、盛岡市（34,524円）、那覇市（34,550円）、福島市（34,899円）でした。もともと関西では肉の消費が盛んなのか、それとも牛肉を多く買うから消費額が高くなるのか、何とも言えないところがありますが、地域的な集中が見られます。

下位のグループは東日本が多いですが、沖縄で消費額が少ないのも興味を引くところです。豚肉料理やステーキなど、外食では肉料理が多いイメージですが、家計では肉にはそれほどお金をかけていません。1人あたりの牛肉の消費量は7.2kg（26位）、豚肉の消費量は17.9kg（23位）です。牛肉は全国平均（6.9kg）をやや上回っていますが、豚肉は全国平均（18.7kg）を下回っています。ただ、別の統計で「加工肉」のランキングを取ると、那覇市は断トツの1位になります。「ランチョンミート」に代表される加工肉の普及が、肉そのものの消費を抑えているのかもしれません。

鶏肉の消費量は、1位から8位までを九州勢および山口県が独占しています。1位：大分市（19.2kg）、2位：宮崎市（19.0kg）、3位：山口市（17.7kg）、4位：鹿児島市（17.7kg）、5位：福岡市（17.4kg）、6位：佐賀市（17.4kg）、7位：熊本市（16.8kg）、8位：北九州市（16.3kg）、9位に京都市（16.3kg）、10位に広島市（15.3kg）と続きます。養鶏が盛んで安く手に入ること、鶏を使った郷土料理が盛んなことが考えられます。ちなみに、同じ九州地方でも那覇市は48位（10.5kg）と消費量はぐっと下がります。

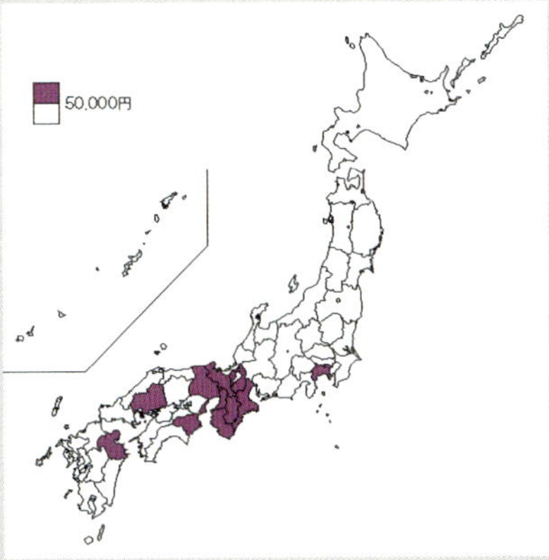

◉図 5-13：豚肉＋牛肉の消費額が年間 50,000円以上の地域（上位 12県）

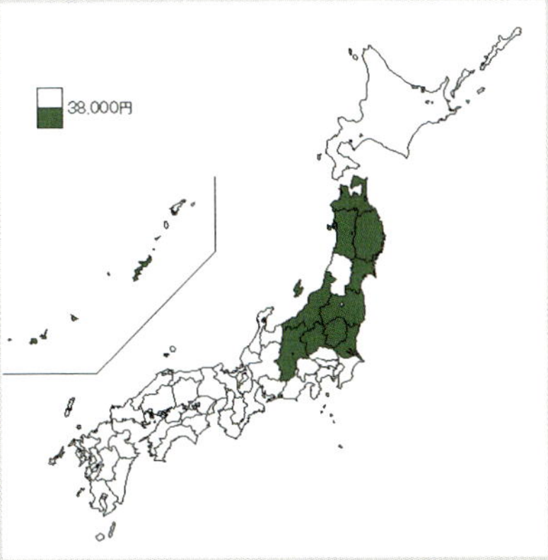

◉図 5-14：牛肉＋豚肉の消費額が年間 38,000円未満の地域（下位 11県）

〈総務省「家計調査」品目別都道府県庁所在市及び政令指定都市ランキング
（平成 24～26年平均より作成　http://www.stat.go.jp/data/kakei/5.htm）〉

04
「家計調査」を地図化する②
魚の消費の地域性

前項に続いて、総務省の家計調査の地図化です。今度は、魚（生鮮品）のデータを使って地域性を調べてみました。

図5-15は、１人あたりのマグロの消費額を比較したものです。最も消費額が高かったのは静岡市で13,859円、第２位が甲府市で10,247円でした。関東および東北から東海地方にかけてマグロの消費額が高く、西日本に行くと低くなっていることがわかります。ちなみに最低は、北九州市の1,144円でした。

生のマグロが刺身や寿司ネタとして関東地方で常食されるようになったのは、江戸時代の中ごろ、19世紀初頭と言われています。冷蔵庫がなく、氷も貴重だった時代、赤身で脂を多く含んだマグロは傷みやすく、白身の魚に比べて味が劣る低級魚として扱われていました。鉈《なた》で割って塊で安く売られる魚だったそうです。

江戸時代の後期になると、関西風の「押し寿司」から「握り寿司」の原型ができます。華屋與兵衛（1799 ~ 1858）という人が始め、人気を博しますが、寿司ネタは、タイやヒラメなどの白身の魚が中心だったようです。その後、同業者が豪華な寿司ネタを使って競い合うようになると、「質素・倹約」を旨とする老中、水野忠邦が進めた「天保の改革」の趣旨に反するとして、華屋與兵衛らは投獄されてしまいました。その後、「安い大衆魚のマグロの寿司ならばおとがめはない」ということで、江戸を中心に浸透していったのが「マグロの握り」だったといわれています。ちなみに、油の臭みを消し、腐敗を防止するために、マグロの刺身はいったん醤油に漬け込んで（ヅケという）から供されました。ちなみに、「トロ」が珍重されるのは、これよりもはるか後、昭和初期になってからだそうです[※1]。

西日本で好まれる傾向がはっきり出る魚はブリです。図5-16は、１人あたりのブリの年間消費額を見たものです。産地・富山県（富山市）の8,816円を筆頭に、金沢市（6,616円）、山口市（5,297円）、高松市（5,227円）と西日本の市が続きます。

一方で、ブリの消費額が少ないところは那覇市（844円）、札幌市（1,053円）、甲

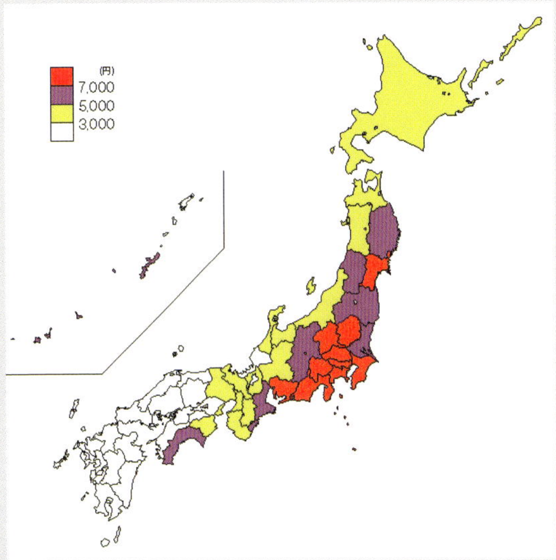

◉図 5-15：1人あたりのマグロの消費額

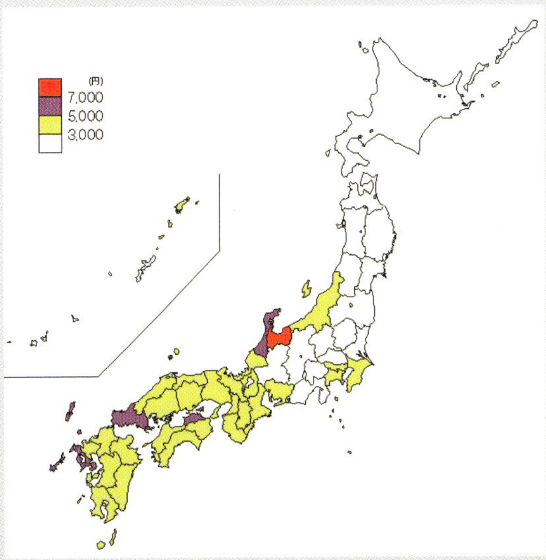

◉図 5-16：1人あたりのブリの消費額

〈総務省「家計調査」品目別都道府県庁所在市及び政令指定都市ランキング
（平成 24〜26年平均より作成　http://www.stat.go.jp/data/kakei/5.htm）〉

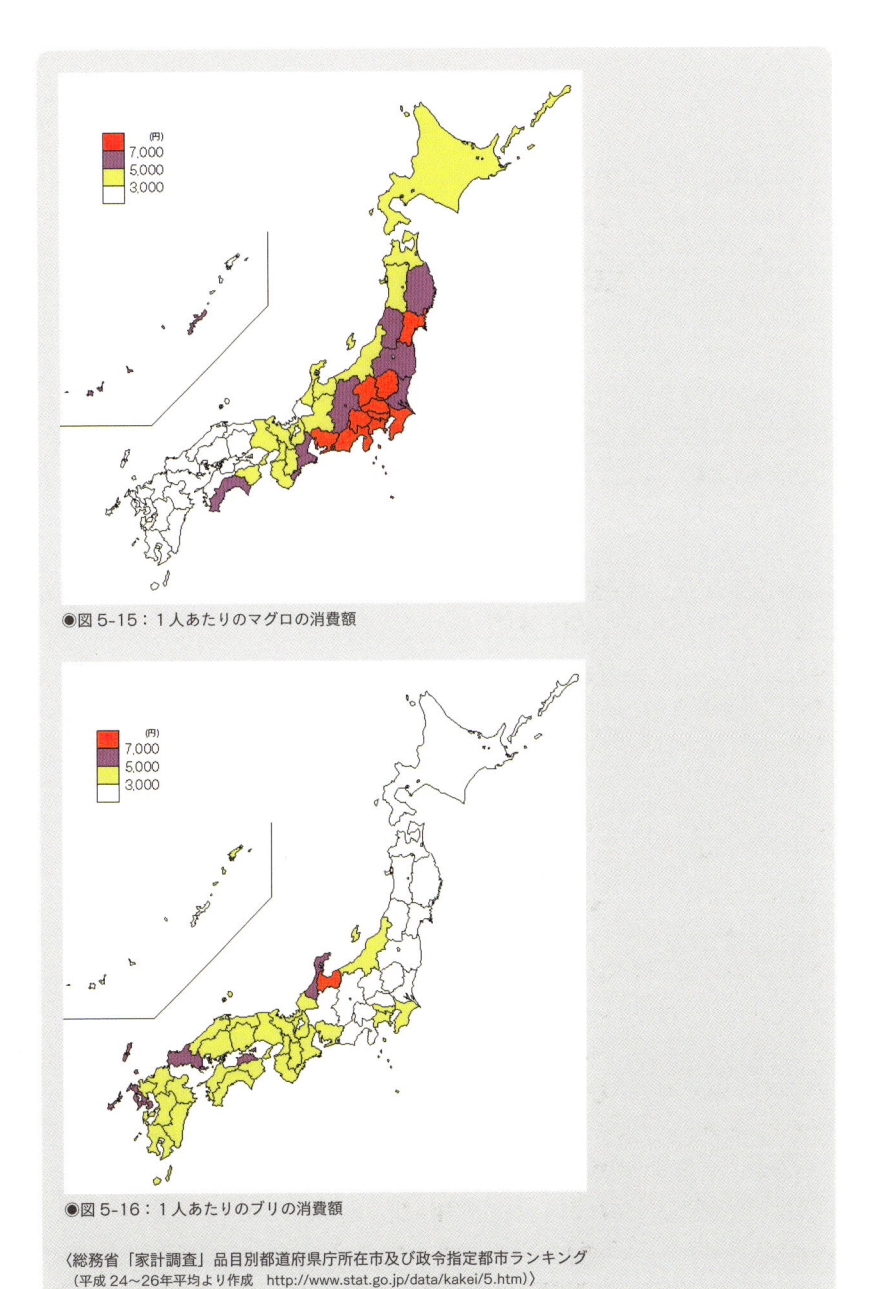

府市（1,698円）などです。産地に近く、お祝いの席などでも使われる地域では支出が多く、そうでない地域ではあまり流通しない魚になっているのかもしれません。

最後に、１人あたりの消費量ベースで、どの魚が一番食べられているのかを比べてみました（図5-17、5-18、5-19）

こちらは金額ではなく、重量ベースになりますので、より傾向が違って見えます。関東の人たちはサケ以上にマグロを食べています。マグロの消費量全国１位の静岡市では年間5,625g、サケは3,750gと圧倒的な開きがあります。東京都区部でも、マグロで2,991g、サケ2,789gとマグロの方が多いです。ブリは西日本で消費量が多く、富山市（6,438g）を筆頭に、金沢市（3,991g）、松江市（3,660g）、大分市（3,031g）と、漁獲や養殖が盛んな地域が続きます。

例外的ではありますが、最も消費量が多い魚介類が「アジ」の宮崎市（2,172g）、「いか」の青森市（4,735g）、「かれい」の鳥取市（4,671g）、「かつお」の高知市（4,965g）、「えび」の和歌山市（2,728g）などは、地域性が出ているのではないかと思います。

魚の消費が年々減少する一方で、沿岸漁業も伸び悩んでいますが、地元の近海で取れた魚を食べて、地域の漁業と食文化を守っていきたいものです。

※１　日本かつお・まぐろ漁業協同組合「マグロ漁業の歴史③」　http://www.japantuna.net/press54

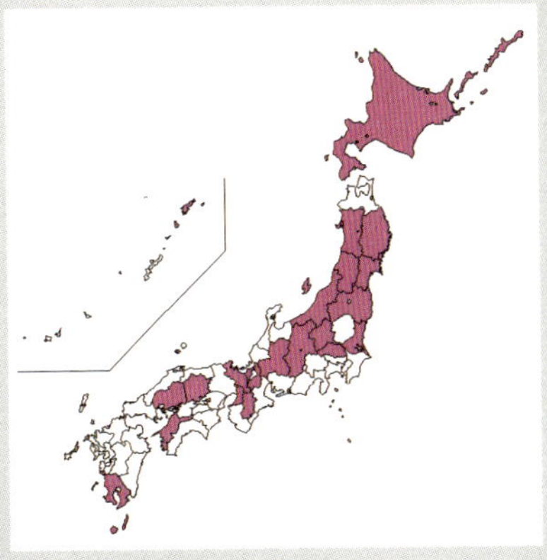

◉図 5-17：最も消費量が多い魚【サケ】

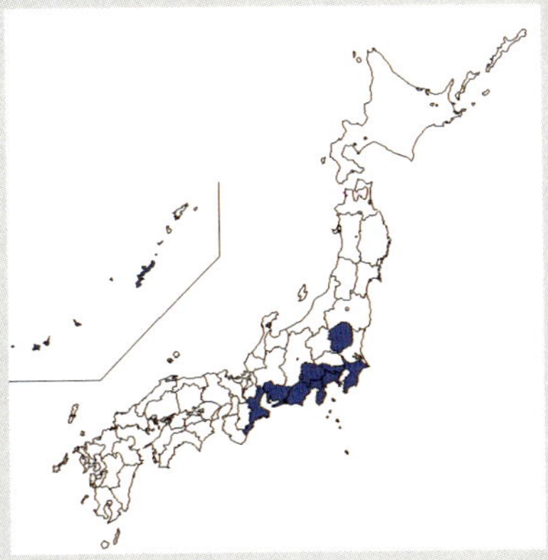

◉図 5-18：最も消費量が多い魚【マグロ】

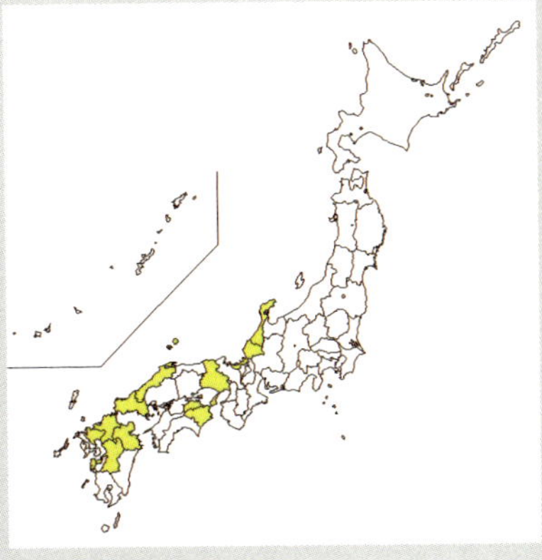

◉図 5-19：最も消費量の多い魚【ブリ】

〈総務省「家計調査」品目別都道府県庁所在市及び政令指定都市ランキング（平成 24〜26年平均より作成　http://www.stat.go.jp/data/kakei/5.htm）〉

05
世界の「肉食の地図」
1人あたりの消費量を比較する

日本人の食事が洋風化し、肉を食べる機会が増えていると言います。当の欧米ではどのくらい肉が食べられているのでしょうか。アメリカ農務省（USDA）は毎年、世界の家畜の頭数や肉の生産量、１人あたりの消費量をまとめています。このうち肉の消費量について地図化して比較してみました。

豚肉はヨーロッパで消費量が多く、１位はスペインで43.6kg、２位デンマーク（41.7kg）、３位オーストリア（41.7kg）、４位ドイツ（40.1kg）、５位ポーランド（39.9kg）と、ヨーロッパの国々が上位を占めます（図5-20）。これらの国々では、牛肉の消費量は、豚肉よりも遥かに少ないのが特徴です。スペインの牛肉消費量は10.5kg、ドイツは8.5kg しかありません（図5-21）。

ヨーロッパで行われてきた「混合農業」では、牛は荒地を耕す役畜として扱われてきました。一方で休閑地《きゅうかんち》[※1]で飼われてきたのは豚や羊などの小型の家畜が主でした。豚は雑食ですから、草や木の実、人間が残した野菜くずなどの残飯など何でも食べて太ります。一方で、食べる量も多いですから、長い冬を迎える前には最低限の数の豚（母豚と子豚）を残して一斉に屠畜され、ハムやソーセージなどの保存食として蓄えられました。ヨーロッパの国々で今も豚肉の消費が抜きん出て多いのは、こうした伝統的な食文化が強く影響を残していると言えるのかもしれません。

アメリカ合衆国の豚肉の１人あたり年間消費量は27.3kg と、牛よりも10kg以上消費量が少なくなっています。アメリカの肉牛の飼育は大規模かつ分担が進んでいます。仔牛を産ませて育てる農家は西部や南部の牧場に集まり、ある程度大きくなった牛を買いつけて、トウモロコシに牧草を混ぜた配合飼料で太らせて出荷する「フィードロット」（肥育農場）は、「コーンベルト」と呼ばれる中西部に

※１　作付けを休ませて地力を回復させるための土地。西ヨーロッパの土地は地力が低かったので、ローテーションで休閑を行う必要があった。

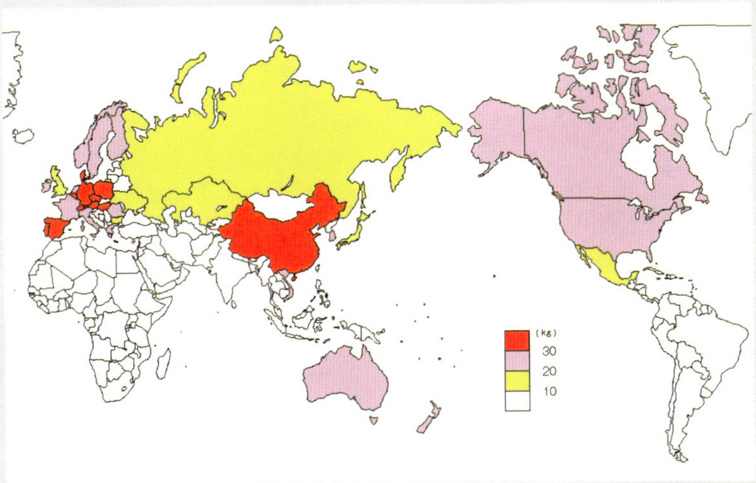

◉図 5-20：豚肉の 1人あたり消費量（2011年）（単位：kg）

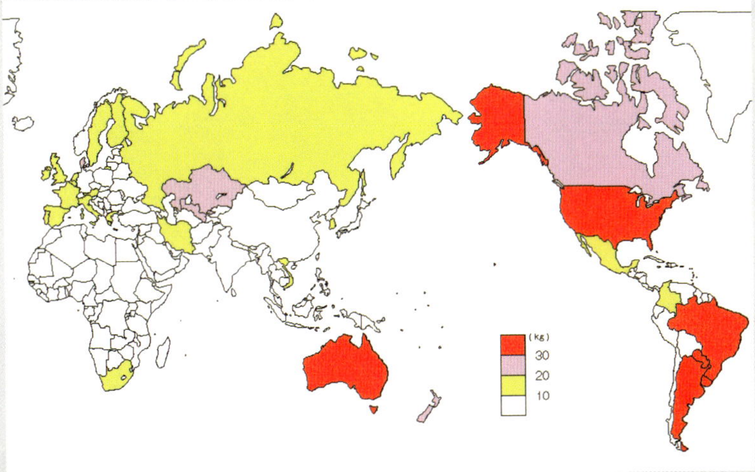

◉図 5-21：牛肉の 1人あたり消費量（2011年）（単位：kg）

集中しています。大量に出回る牛肉は、地域によっては豚肉よりも安く手に入りますので、アメリカ人にとって肉といえばまずは牛肉を思い浮かべる人が多いかもしれません。

ちなみに、日本の1人あたりの牛肉消費量は9.7kg、豚肉は19.7kgですから、「アメリカの豚肉の消費量は少ない」といっても相対的なもので、実際は日本をはるかに上回る量の豚肉を食べていることがわかります。

図5-22は、鶏肉の1人あたりの消費量です。1位はアラブ首長国連邦(59.4kg)、2位はクウェート(58.9kg)、3位ブラジル(47.3kg)、4位アメリカ(44.5kg)、5位サウジアラビア(43.8kg)と、上位5カ国のうち、3国も中東諸国が入るのが特徴です。ちなみに6位はマレーシアで、イスラム教圏では鶏肉が多く食べられている傾向があるようです。日本は16.5kgでした。

中東の国々で消費される鶏肉の多くは輸入に頼っています。おもな輸出国はブラジル、アメリカ、タイ、中国などで、トウモロコシや雑穀の生産大国と重なります。つまり、それらの穀物を食用(おもに食用油の原材料)や飼料として輸出するだけでなく、自前で家畜を飼育して肉として出荷することで付加価値をつけているのです。

参考に、魚介類の1人あたりの消費量を見てみました(図5-23)。日本人は、「肉食国」の人々が消費する肉の量と同じくらい魚介類を消費していますが、「世界一の魚消費国」の座はすでに明け渡してしまっているようです。

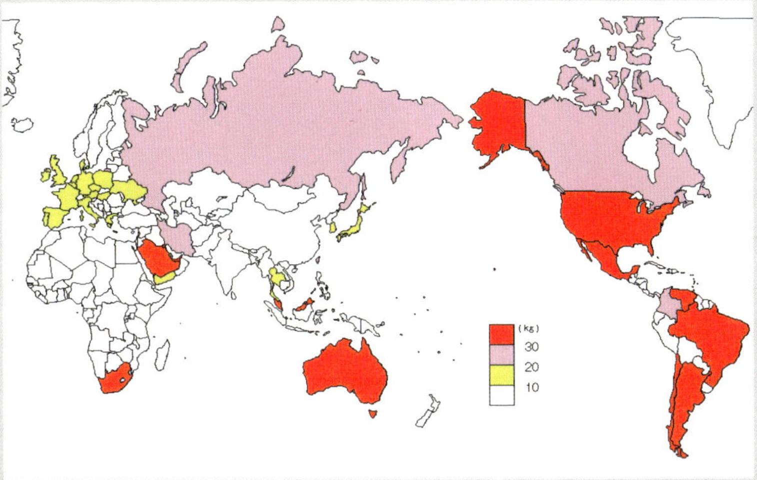

◉図 5-22：鶏肉の 1人あたり消費量（2011年）（単位：kg）

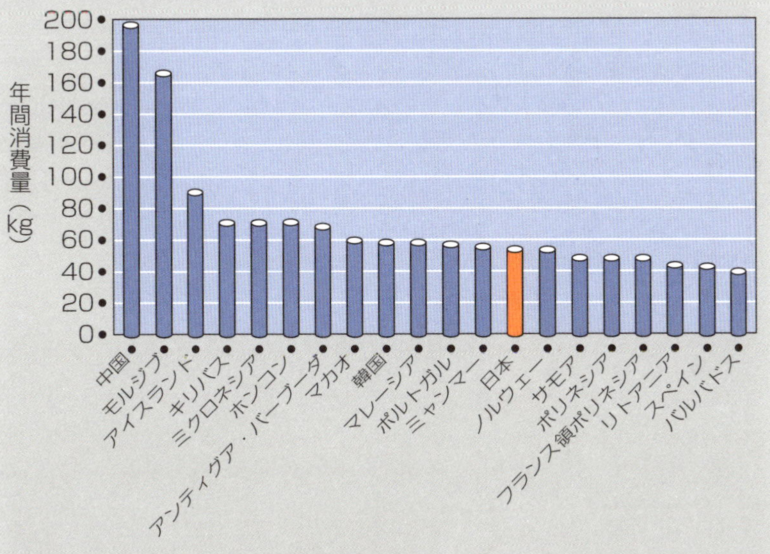

◉図 5-23：魚介類の 1人あたり年間消費量（2009年）
〈農林水産省「我が国における魚介類摂取の特徴」より〉

06
電話の地図
「電話」といえば…固定？携帯？

職場や地域で住所録を作る際、電話番号欄に携帯電話を記入する人が珍しくなくなりました。若い世代を中心に、「電話」といえば、まず携帯電話を指すことが当たり前と考える人が増えているようです。

世界を見渡してみると、その傾向がはっきりします。ITU（国際電気通信連合）の統計によると、世界の移動電話（携帯電話・自動車電話など）の契約数が固定電話加入数を超えたのは2002年で、現在はほぼすべての国で携帯電話の契約者数が固定電話の加入数を上回っています。図5-24は2000年時点の固定電話の普及台数を人口100人あたりにして地図化したものです。固定電話の普及率は先進国でおおむね100人あたり50～70前後であるのに対して、アジアやアフリカ、中南米諸国での普及率は20未満です。同じ統計の2013年のものを地図化してみると（図5-25）、発展途上国での固定電話普及率はそれほど高まっていません。むしろ普及率が下がっている国も多く見られます。

例えばインドでは、2000年時点での固定電話普及率は3.1％でしたが、2014年には2.1％に下がりました。日本では、2000年に49.3％だった普及率は2014年に50.1％と若干増加しています。イギリスは59.8％から52.4％に減少、イタリアは47.7％から33.7％と、15年で10％以上減少しています。

それに対して、携帯電話の普及率、とりわけ発展途上国での普及率の伸びは目覚ましいものがあります。図5-26、5-27は、携帯電話の普及率を2000年と2013年で比較したものです。2000年の時点で携帯電話の普及率が最も高かった地域は台湾（81.5％）、次いで香港（76.7％）、アイスランド（76.4％）、オーストリア（76.3％）の順でした。契約台数では1位がアメリカ合衆国で1億940万台、2位が中国で8,526万台、3位が日本で6,678万台でした。

2000年時点では、固定電話同様に普及が進んでいなかった携帯電話ですが、2013年には、アメリカでの普及率をしのぐ勢いでアフリカや中南米方面で普及

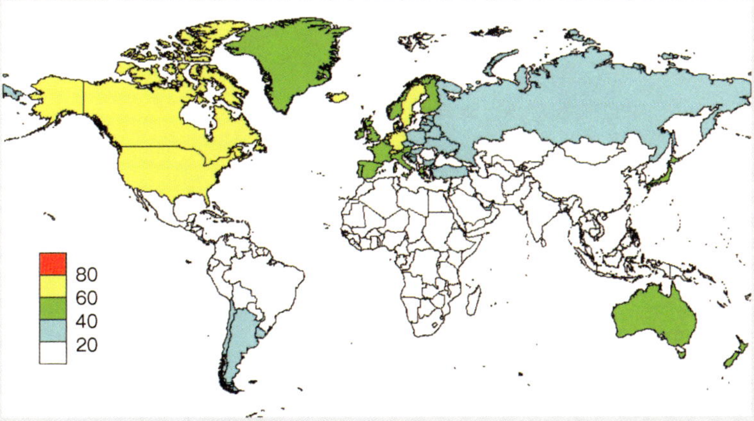

◉図 5-24：固定電話の普及台数　2000年（人口 100人あたり）

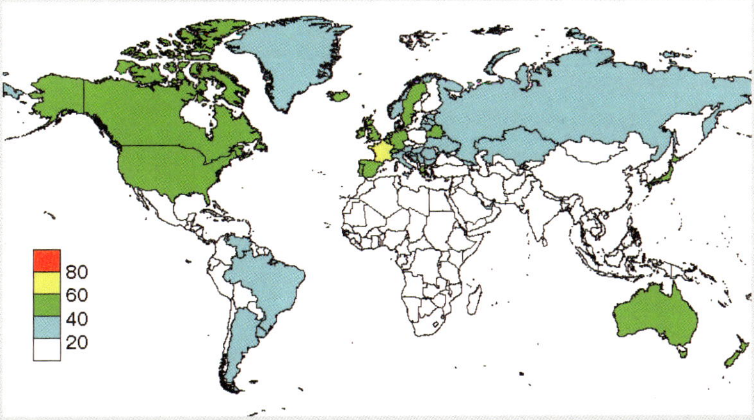

◉図 5-25：固定電話の普及台数　2013年（人口 100人あたり）

しています。アンテナと基地局さえあれば開通できてメンテナンスできる携帯電話は、中長期的に見れば固定電話よりも成長が見込めるということで、世界中の通信会社が途上国に進出した結果、爆発的な普及を見せました。

図5-28、5-29は、人口100人あたり100台以上（＝1人1台以上）の携帯電話を保有する国を示したものです。2000年には「1人1台」の国は皆無でしたが、2013年には多くの国で達成されています。スマートフォンが普及する一方、固定電話網が充実していない地域では、通話用とインターネット用の2台持ちをする人がいたり、端末を安く売って利用料金で端末料金を回収するサービスを行うなどの方策が普及を推し進めているのではないかと思われます。

2010年12月、TwitterやFacebookによってデモが広がり、「アラブの春」の発火点になったチュニジアの普及台数は100人あたり113台。日本（115台）とほぼ同レベルです。

2000年の時点では、「1人1台」の国はほぼありませんでした（最も高かったのが台湾で83%）が、2013年には118カ国にまで増えました。最も普及率が高いのがマカオ（人口100人あたり304台）で、2位が香港（237台）、3位にアフリカのガボン（214台）が入りました。発展途上国で1人1台を達成しているところが多い一方で、アメリカ合衆国（97台）、カナダ（80.6台）、フランス（98.5台）など、1人1台に届いていない国の中に先進国がいくつか入っています。もともとの人口が多いこともありますが、利用料金の高さが普及の妨げになっている可能性も考えられます。ちなみに日本は人口100人あたり113台と、1人1台を達成しています。

「1人1台」を達成している国が、いつ頃達したのかを国別に比較してみると（図5-30）、だいたい2000年代初めにヨーロッパで、2010年代から日本でと若干時間差があります。ヨーロッパでもロシアにおける普及率の伸びの大きさはすさまじいものがあります。原油高や生活レベルの向上、携帯電話網を中心としたインフラ整備が背景にあるのではないかと思われます。ただ、2008年のリーマンショックあたりを境にヨーロッパで普及率が停滞し、逆に下がる現象も見られます。景気後退の影響で、2台目以降を持つ人が少なくなったのかもしれません。インドは2012年に普及率70%に達しましたが、2013年の普及率は70.7%と伸び悩んでいます。それでも分母が大きいですから、年間3,000万台のペースで契約者を伸ばしています。2014年の携帯電話契約数は9億4,000万回線ですが、中国はそれをさらに上回る12億8,600回線（普及率88.7%）となっています。

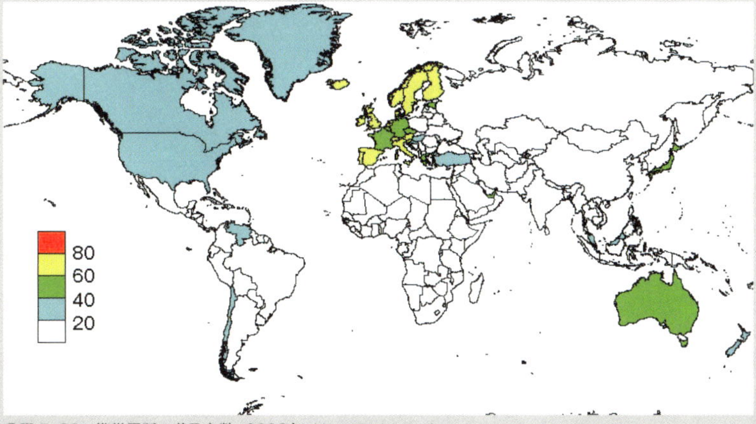

◉図 5-26：携帯電話の普及台数 2000年（人口 100人あたり）

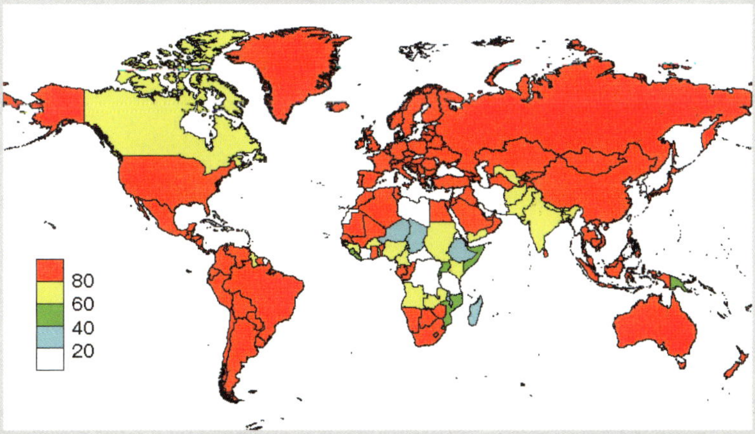

◉図 5-27：携帯電話の普及台数 2013年（人口 100人あたり）

◉図 5-28：「1人 1台」（人口 100人あたり 100台以上）を達成した国 2000年

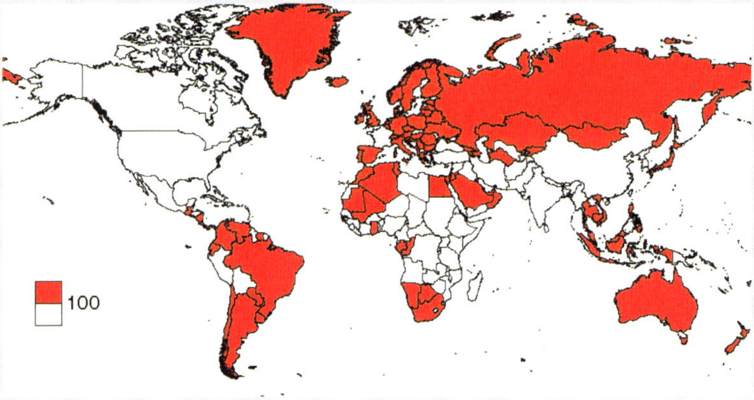

◉図 5-29：「1人 1台」（人口 100人あたり 100台以上）を達成した国 2013年

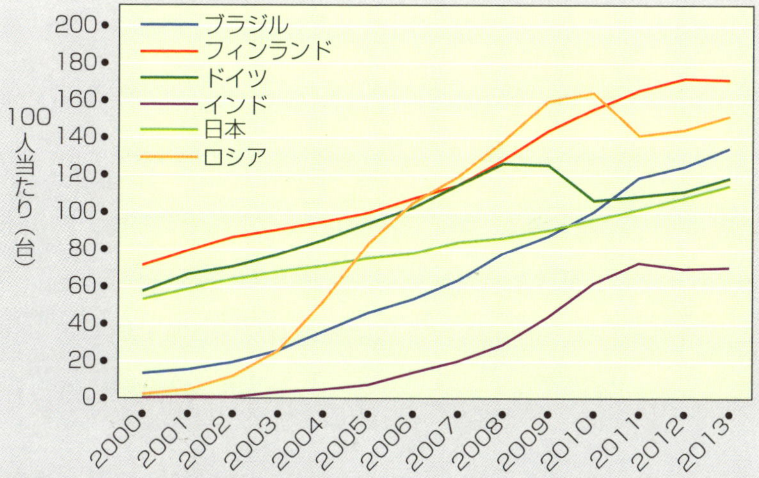

◉図 5-30：「1人1台」の達成時期の国別比較

コラム ⑤

眺めて楽しい、持ち出して使えるデジタル地図帳アプリ

デジタル化された地図の用途は、行先を調べたり、現在地を確認することがほとんどかと思います。一方で、紙の地図は特に目的もなくぼーっと眺めたり、インテリアとして飾ったりするのにも楽しく使えます。

しかし、「眺めて楽しいデジタル地図」もあります。小さなスマートフォンの画面ではなく、ぜひタブレットでアクセスして眺めてみてはいかがでしょうか？

①「初三郎ちずぶらり」

（http://www.atr-c.jp/burari/product/oldmap/hatsusaburo.html）

「大正の広重」と称された、鳥瞰図絵師の吉田初三郎が描いた地図（鳥瞰図）をコレクションしたアプリです。1924年、大阪の京阪電気鉄道の依頼で描いた「京都観光案内之図」を、たまたま修学旅行で京都を訪れていた皇太子（後の昭和天皇）が気に入り、「おみやげ」として持ち帰ったことからブレイク。全国各地の観光案内図を手がけました。画面の隅に富士山を必ずしのばせるなど、さりげない遊び心が入った絵地図は、今もあちこちの美術館で企画展が開かれるなど、根強い人気があります。

旅先で当該の場所の地図を開けば、絵図の中に現在地が表示されます。レトロモダンな絵図を片手に車窓の景色と比較するのも楽しいです。

◉図１：初三郎ちずぶらり
（宮島・厳島神社付近）

②ふじぶらり

（http://www.atr-c.jp/burari/product/theme/fuji.html）

筆者が監修させてもらっているアプリです。富士山周辺の観光案内図から、旧版地形図、写真やサウンド（祭りのお囃子）などを組み合わせた、「富士山の地図帳」になっています。

地図を端末に取り込めば、インターネットに接続しなくても閲覧できるのが特長で、iPadを持ってフィールドワークをする際などに重宝します。

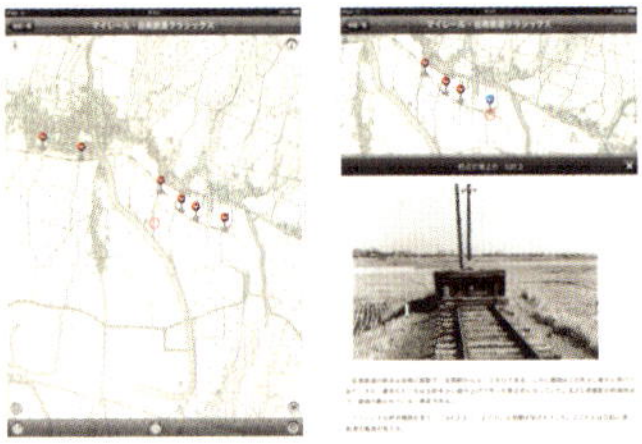

◉図２：ふじぶらり（昭和35年の地形図と岳南鉄道江尾駅付近の写真）

第6章

人口を地図化する

6

01
人口の地図
1人増えるのに何秒かかる？

世界の人口は、国連の推計によると、1990年に53億人だったのが、1999年に60億人、2012年に70億人を突破し、2016年8月には73億4300万人を超えました。1年で約8000万人の増加ですから、1日あたり22万4000人、1分で155人増えている計算になります。人口増加数は「出生数－死亡数」ですから、子供はもっと速いペースで生まれていることになります。このように、単純に割り算して、人口増加の1日あたりや1分あたりにすることで増加のペースをつかむことができます。

インターネットで「人口時計」を検索すると、世界の人口が増えていく様子がカウンターで表されたものを見ることができます。例えば、アメリカの統計局のサイト（図6-1）では、アメリカの人口と世界の人口のカウンターがあります。ものすごい勢いで増加していく世界の人口のペースは1秒あたり2.6人で、0.34秒ごとにカウントが上がっています。

●図6-1：人口カウンター〈アメリカ合衆国統計局Webサイト（http://www.census.gov/popclock）〉

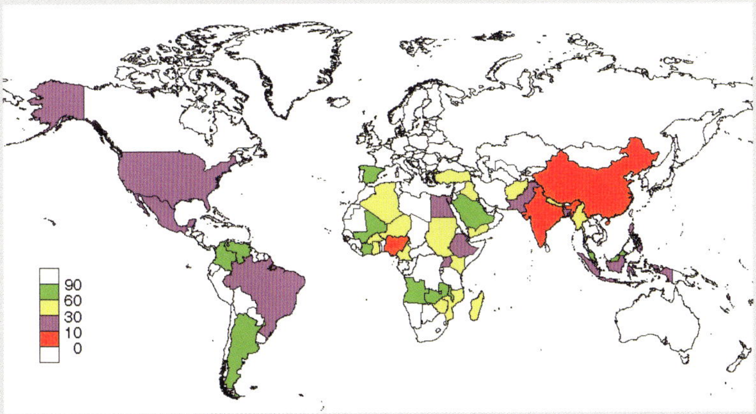

◉図 6-2：人口が 1人増えるのに要する時間（秒）（2012～2013年）

順位	国名	人口（2013年）	前年からの増加数	人口が1人増えるのに要した時間（秒）
1	インド	1,220,800,359	15,544,272	2.1
2	中国	1,349,585,838	6,106,738	5.2
3	ナイジェリア	172,831,537	4,324,217	7.3
4	パキスタン	193,238,868	2,935,512	10.7
5	エチオピア	93,877,025	2,756,433	11.4
6	バングラデシュ	163,654,860	2,625,852	12.0
7	アメリカ	316,438,601	2,453,502	12.9
8	インドネシア	251,160,124	2,449,519	12.9
9	フィリピン	105,720,644	1,947,587	16.2
10	コンゴ	75,507,308	1,926,436	16.4
11	ブラジル	201,009,622	1,647,166	19.1

◉図 6-3：人口１人が増えるのに要した時間

〈アメリカ統計局「人口統計」より作成〉

人口が1人増えるのに何秒かかるかを表したのが図6-2、6-3です。1年（3153万6000秒）を1年間の人口増加（減少）数で割りました。90秒以内の国を地図に表しています。

人口増加のペースが最も高いのは、インド（2.06秒に1人）、次いで中国（5.16秒に1人）、ナイジェリア（7.29秒に1人）が10秒以内の国です。インドの人口増加のペースは、中国の2倍以上です。1日あたりの増加数で見ると、中国は16,730人に対して、インドは42,587人と、およそ2.5倍でした。

1980年から2015年まで行われていた「一人っ子政策」の結果、人口大国の中国では、人口の高齢化と労働力人口の不足が懸念されています。対してインドでは、1970年代に産児抑制政策がとられたこともありましたが、健康な国民に外科的手術を強要するような施策が国内外の反発を呼び、以来、人口抑制は「努力目標」的なものになりました（中国では厳しい罰則規定があり徹底された）。国連の推計では、2050年にはインドの人口が中国を抜き、13億人に達すると予測されています。なお、2015年時点での国民の平均年齢は、中国が37.5歳、インドが28.1歳です（日本は48.5歳）。

先進国ではアメリカ（12.9秒）が速いペースで増加していますが、他は軒並み90秒以上です。イギリス（90.8秒）、フランス（102.5秒）、ドイツ（104.4秒）、カナダ（118.2秒）と比べると、アメリカの人口増加のペースが際立っていることがわかります。多くの先進国では、経済的な理由から少子高齢化に悩む国が多いのですが、アメリカでは、中南米からの若い移住者が増え続けていることに加え、彼らの中で信者の多いカトリックが避妊中絶を禁じていることも、出生率を高くしている要因として推測されます。一方、日本は年間2万1500人、1日あたり59人、210秒に1人のペースで人口が減っています。少子高齢化と言われますが、そのペースは思いのほか速いようです。

同じデータを1日あたりの人口増減に直してみると、図6-4、6-5のインドでは毎日42,587人、中国では16,731人の人口が増えています。人口増加数は、出生者数から死亡者数を引いた値ですから、生まれる赤ん坊の数はさらに多くなります。日本では上記の通り1日あたり59人ずつ人口が減少していますので、亡くなる方の数はさらに多くなっています。

日本以外の人口減少が進んでいる国の中には、東欧の旧社会主義国や、中南米の貧困国が数多く入っています。社会主義政権の崩壊後、経済的に困窮する中で出生率が伸びないことに加え、西欧やアメリカなどの裕福な国に移民として出ていく人が多いことが背景にあると思われます。

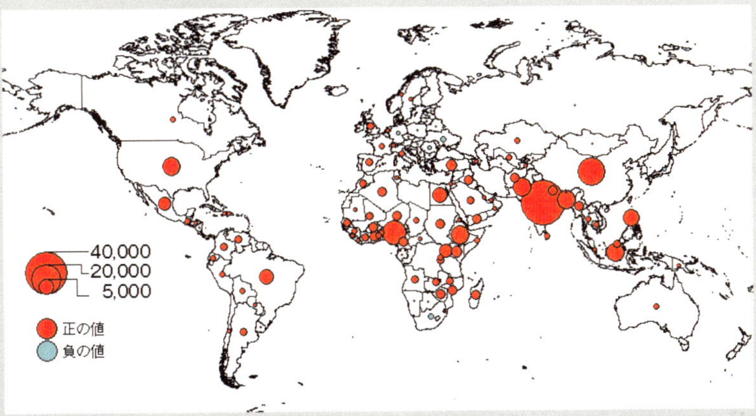

◉図 6-4：1日あたりの人口増減（2012～2013年）

順位	国名	人口（2013年）	前年からの増加数	1日あたりの人口増加数
1	インド	1,220,800,359	15,544,272	42,587
2	中国	1,349,585,838	6,106,738	16,731
3	ナイジェリア	172,831,537	4,324,217	11,847
4	パキスタン	193,238,868	2,935,512	8,042
5	エチオピア	93,877,025	2,756,433	7,552
6	バングラディシュ	163,654,860	2,625,852	7,194
7	アメリカ	316,438,601	2,453,502	6,722
8	インドネシア	251,160,124	2,449,519	6,711
9	フィリピン	105,720,644	1,947,587	5,336
10	コンゴ	75,507,308	1,926,436	5,278
11	ブラジル	201,009,622	1,647,166	4,513

◉図 6-5：1日あたりの人口増加数ランキング

02 合計特殊出生率と女性の地位

その年1年間に生まれた子供の数が、人口全体に占める割合を示す出生率（単純出生率）に対して、1人の女性が生涯に何人の子供を産むか、国や地域ごとに平均をとった値を合計特殊出生率と言います。日本は1.43（2014年）と低く、逆に発展途上国では5を超えている地域もあります。世界は少子化問題と人口爆発の両方の課題を解決しなければならない状況にありますが、過去の数値と現在を比較してみると、様々な地域性が見えてきます。ここでは、1990年のデータと2012年のデータを地図にした上で、増減の特徴とその背景を調べてみました（図6-6、6-7）。

一見わかりにくいのですが、世界のほとんどの国で合計特殊出生率は下がっています。図6-8では、合計特殊出生率が下がった国を描きました。

合計特殊出生率の下がり方が大きい地域は、西アジアから中東諸国に集中し、上がった国は西ヨーロッパに集中しています。最も減り方の幅が大きかったのは、中東のイエメンで、1990年の8.7から、2012年に4.2まで下がりました。次いでオマーン（−4.3）、サウジアラビア（−3.1）、リビア（−2.6）など、アラブ諸国で合計特殊出生率の減少が大きくなっています。

中東諸国で合計特殊出生率の下がり方が激しい背景には、女性が置かれた環境の変化があると考えられます。図6-9は、合計特殊出生率が下がった国々の結婚や教育に関する指標を見たものです。

男尊女卑が著しいといわれるイスラム社会の女性は教育を受ける機会に恵まれず、若いうちに結婚を余儀なくされてきました。例えば、サウジアラビアで女子向けの学校が設立されたのは1964年からで、1992年まで女性は個人の戸籍を与えられず、夫や親族の男性の併記扱いで、自分でパスポートをとることや、運転免許を取得することもできませんでした。ちなみに、サウジアラビア国内では、現在も女性が自動車を運転することは、自国民・外国人にかかわらず、厳しく禁じられています。また、学校は現在も男女別学で、女子生徒を教える教師も女性に限るという規則があります。

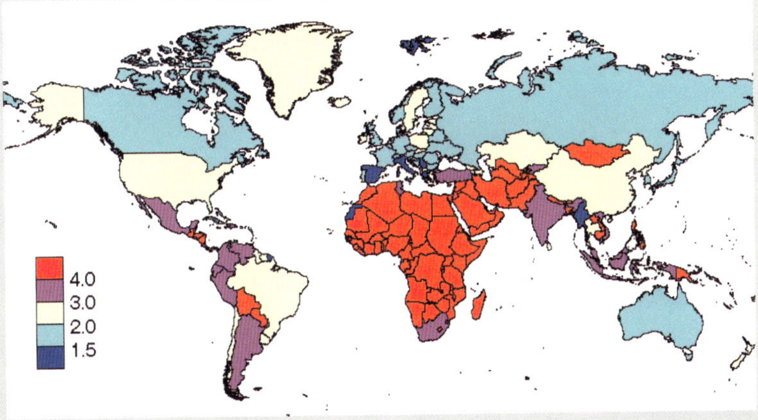

◉図 6-6：各国の合計特殊出生率 1990年

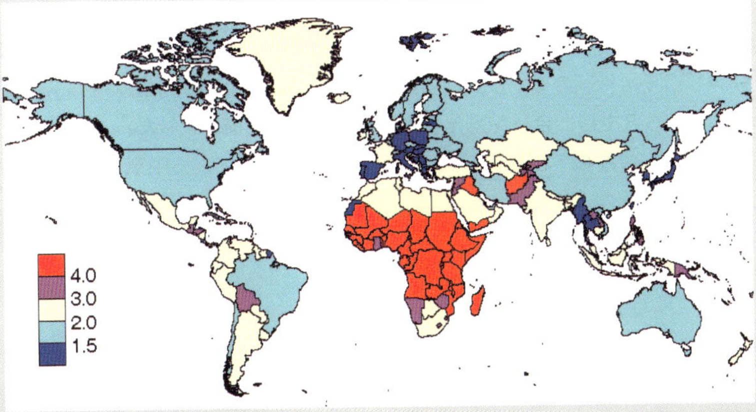

◉図 6-7：各国の合計特殊出生率 2012年

〈WHO（世界保健機関）資料より作成〉

「一人っ子政策」で知られる中国や、長らく「子供は２人まで」政策をとってきたインドでも、合計特殊出生率が下がっています。中国で「一人っ子政策」が開始されたのは1979年で、2015年10月29日に行われた中国共産党の中央委員会第５回全体会議（5中全会）で廃止が発表されましたが、「一人っ子政策」をやめればすぐに人口は急増に転ずるかといえばそうでもないようです。「全廃」に先立って、中国政府は2013年から夫婦どちらかが一人っ子の場合、２人目の出産を認める緩和策に踏み切りましたが、2014年の出生数は前年比47万人増の1,687万人、2015年は32万人減の1,655万人でした。親世代の人口が減っていることに加え、教育費や生活費の高さが「産み控え」を起こしているようです。

合計特殊出生率が上がった国を見ると、１位はセイシェル（2.4）、２位はバミューダ諸島（1.8）ですが、それ以下はすべてヨーロッパと周辺の国々が占めます。３位リヒテンシュタイン（1.5）、４位セルビア（1.3）、５位フランス・ベルギー（0.2）と続きます。図6-10は、ヨーロッパで1990年から2012年の合計特殊出生率の増加値が0.1以上の国を塗りました。

働く女性の出産による地位やキャリアの断絶、子供にかかる経済的な負担など、先進国で見られた少子化問題はそれ以外の国にも広がっています。早くからこの問題に直面してきたヨーロッパ諸国の政策や社会改革に再び注目が集まりそうです。

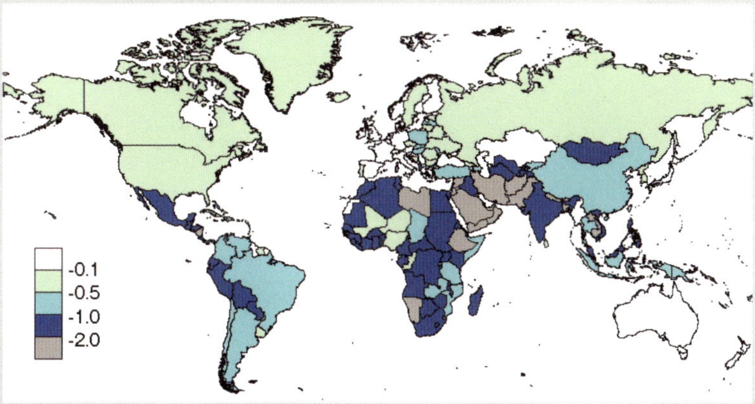

◉図 6-8：合計特殊出生率が下がった国（1990〜2012年）

国	19歳未満の女性既婚率※1（%）		未就学児童の割合（%）（2012年）	
	1990	2012	男	女
サウジアラビア	15.4	3.9	4.2	11.6
イエメン	23.5	16.6	—	—
オマーン	20.2	4.1	2.5	9.6
タイ	13.9	10.7	3.0	4.0

◉図 6-9：結婚と教育をめぐる女性の地位
※1　国際連合経済社会局資料より作成（United Nations, Department of Economic and Social Affairs）

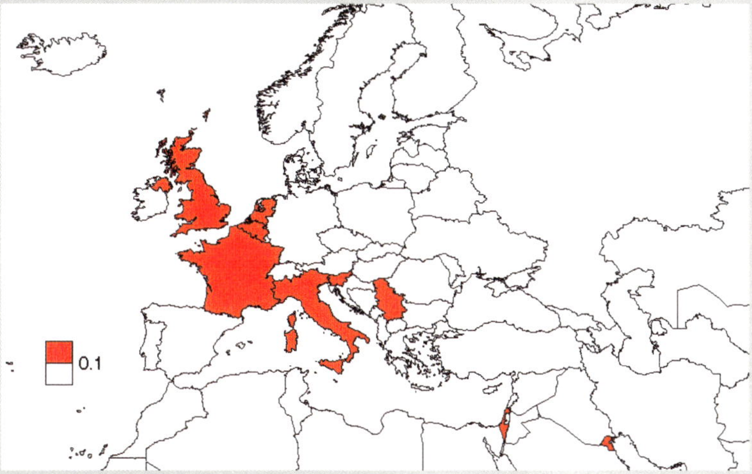

◉図 6-10　合計特殊出生率が上昇した国（1990〜2012年）

03
「消滅可能性都市」を地図化する

総務大臣、岩手県知事を歴任し、「日本創生会議」の座長を務めた増田寛也氏らが2014年に発表した日本の将来の人口予測の報告書（いわゆる「増田レポート」）が論議を呼びました。月刊誌『中央公論』で発表され、のちに発売された新書『地方消滅』では、巻末にすべての市町村の「消滅可能性」を示した統計表が載せられており、Webサイトでデータが公開されています。「消滅」の根拠は何か、地理的な分布にはどのような特徴があるのか、地図に表してみました。

図6-11は、「消滅可能性」の根拠となっている、各市町村の若年女性人口（20～39歳）の減少比率を示したものです。むこう30年間で40％以上減少するところを着色しています。若年女性人口の減少率が最も高いのは、群馬県南牧村（2010～2040年比－89.8%）ですが、上位10市町村のうち、6市町村までが北海道の自治体です（奥尻町－86.7%、木古内町－86.5%、夕張市－84.6%、歌志内市－84.5%、松前町－84.3%、福島町－84.3%）。「増田レポート」によると、たとえ人口の流出率が0に近い自治体でも、2014年の合計特殊出生率（1.42）が続くと仮定すると、30年後には人口が約7割にまで減少します。若者の人口流出が続く自治体では、合計特殊出生率が高まっても人口の減少に歯止めがかからず、「人口の再生産」が鈍り、60～70年後には総人口が4割、100年後にはゼロになってしまうと試算しています。

東京周辺や地方の大都市圏にも、若年女性人口減少率が高い自治体があります（図6-12、6-13）。これらの地域は地方に比べると減少率自体は小さいですが、減少する若年女性人口の実数が多いのが特徴です。1位は新潟県新潟市（予測減少数40,817人、減少率－40.7%）、2位が東京都足立区（予想減少数40,176人、減少率－44.7%）、3位東京都世田谷区（予想減少数37,423人、減少率－25.0%）、4位東京都杉並区（予想減少数37,336人、減少率－43.5%）、5位埼玉県さいたま市（予想減少数36,979人、減少率－22.7%）です。地図で見た減少率はそれほど高くなくても、減少の実数が数万人単位になると、「消滅」まではいかないまでも、都市の社会構造は大きく変わっていくものと思われます。単純に若い女性がいなくなるだけでな

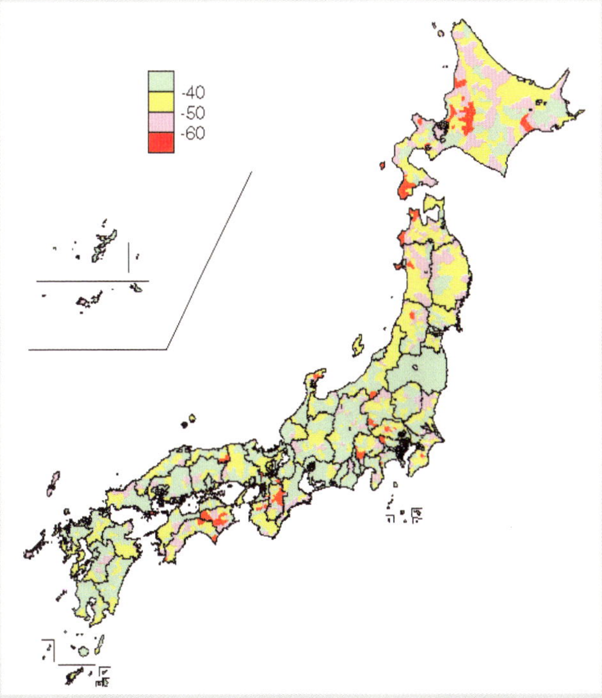

◉図 6-11：地方自治体の「消滅」可能性（若年女性減少率）〈日本創生会議 Web サイト内統計資料より作成。元データは国立社会保障・人口問題研究所「日本の地域別将来人口」〉

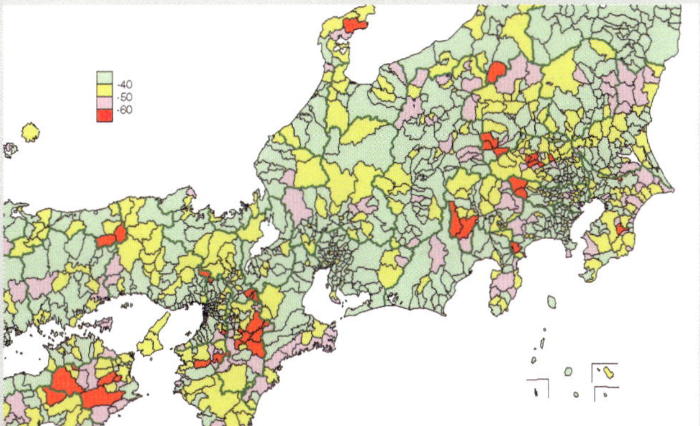

◉図 6-12：図 6-11の関東～近畿地方拡大図

く、若い夫婦や小さな子供も減っていくわけですから、首都圏や地方の中核都市は高齢者が多くなります。そして郊外に人が流れ、地方はますます過疎化が進む構図になっていくのかもしれません。

一方で、地方にありながら流出を食い止め、逆に増加させている市町村もあります。例えば、八郎潟の干拓地で大規模経営の農業が展開されている秋田県の大潟村（増加率15.2%：図6-14）などは人口減少に歯止めがかかっている状態です。

この自治体の数字を単なる「例外」として見るか、人口流出を食い止めるための先駆的な事例として見るかで、今後の少子高齢化、人口減少時代の自治体の施策は変わってくると思います。まずは子育てと仕事を両立できる環境を整えることと、大都市に出なくても安定した職が得られるようにすることですが、一朝一夕でできるものではありません。また、悲観的ではありますが、「消滅」まではいかなくても、自治体機能が整理・縮小される近未来に備えた社会設計を真剣に検討していく必要がありそうです。

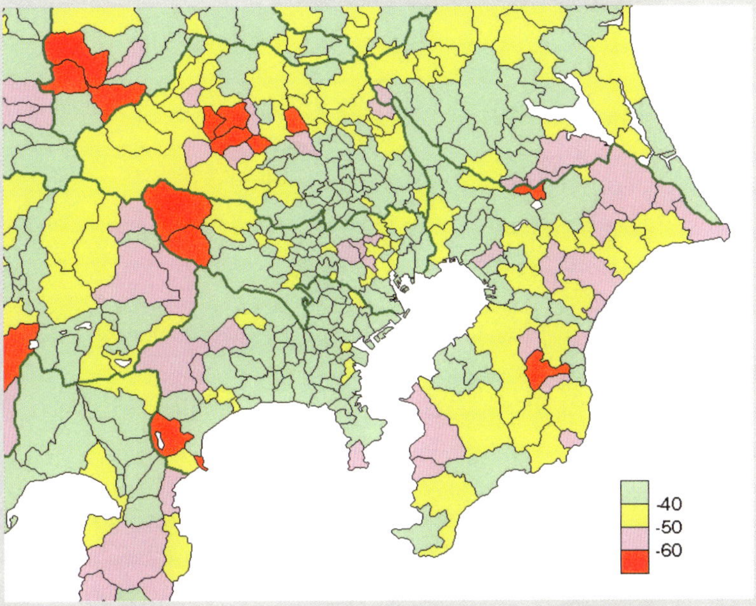

◉図 6-13：図 6-11の関東付近拡大図

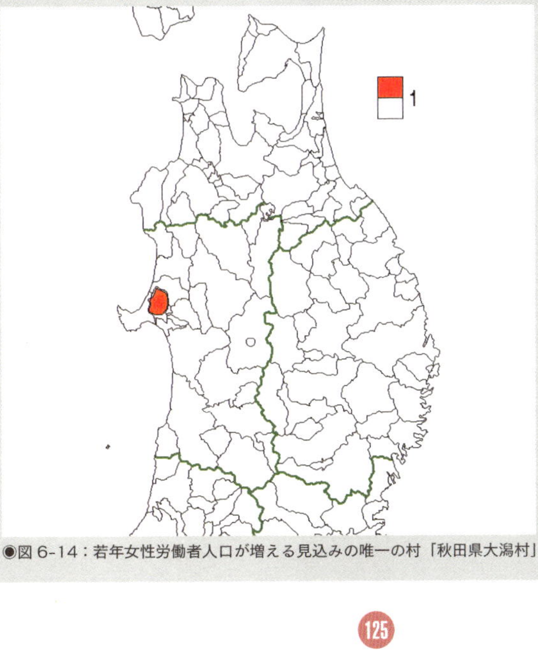

◉図 6-14：若年女性労働者人口が増える見込みの唯一の村「秋田県大潟村」

04
「肥満」の世界地図

世界保健機関（WHO）が毎年公開している世界の体格指数（Body Mass Index）に関する統計を地図化してみました。

「体格指数」は「BMI」とも呼ばれます。体重（kg）を身長（m）の２乗で割り、出た数値で「痩せ形」から「肥満度４」までを分類します。例えば、身長170cmで体重が70kgの人の場合、BMIは24.2（標準）、80kgになると27.6（肥満１）、100kgで34.6（肥満３）といった具合です。WHOでは、「肥満１」以上に分類される人の割合を各国別に集計して公開しています。

図6-15は、成人人口に占めるBMI値30（肥満度3）以上の人の割合を国別に表した地図です。地図では確認しづらいですが、１位から６位までが、太平洋の小さな島々の国です（図6-16）。人口数万人の太平洋の島々と、人口３億人を超えるアメリカ合衆国を同じ基準で比較するのは無理があるかもしれませんが、日本の数値が3.1％、中国が2.9％、インドが0.7％であることを鑑みると、これらの国々は日本や周辺のアジア諸国の10倍以上、肥満状態にある人がいる計算になります。

肥満の原因は様々ですが、WHOが同じサイトで公開している「国民１人あたりの砂糖・油脂の摂取量」を地図化して比較してみると、肥満の人の割合が多い国の分布との間に一定の相関関係があるように見えます（図6-17）。

南太平洋の国々は、もともと魚と島内で採れるイモ類などを主食とし、低カロリー、低脂肪の食生活をしてきました。20世紀以後、ヨーロッパやアメリカとの交流が進むにつれて、西洋式の食材や生活習慣が浸透し、安い輸入食料があふれたことが、肥満の成人を増やしたとされています。同様の現象は、日本をはじめ他国でも起こっていますが、国土が狭く、人口が少ない閉鎖社会の中で、天然資源の輸出や観光収入で急速に豊かになった地域だからこそ、劇的な影響をもたらしたのかもしれません。朝日新聞（2012年5月6日付:Web版Globe）では、トンガの肥満度の高さのルーツを、20世紀初頭に始まった英国企業のリン鉱石採掘に見た上で、「5人に１人は糖尿病を患っている」と報じています[※1]。

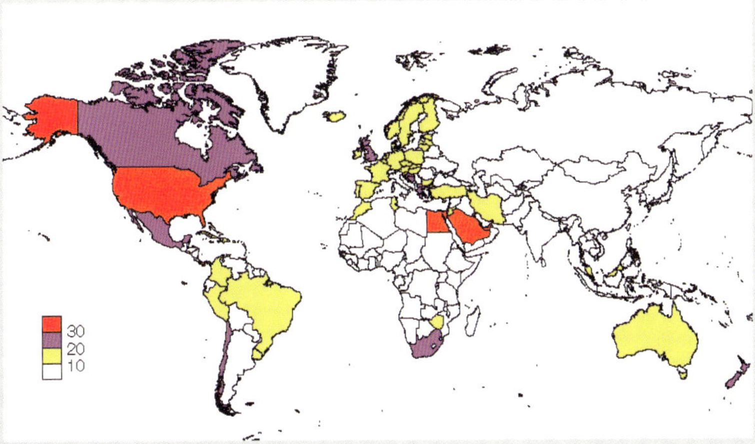

●図 6-15：肥満（BMI 値 30以上）の人が占める割合（%）

国名	肥満者率（%）	国民1人1日あたりの砂糖・油脂摂取量（kcal）
ナウル	78.5	—
米領サモア	74.6	—
トンガ	56.0	—
キリバス	50.6	1226
仏領ポリネシア	40.9	793
サウジアラビア	35.6	662
パナマ	34.7	746
アメリカ	33.9	1462
アラブ首長国連邦	33.7	—
エジプト	30.3	565
⋮	⋮	⋮
日本	3.1	744
ベトナム	0.6	713

●図 6-16：肥満の人の割合が高い国

〈世界保健機関（WHO）"Global Database on Body Mass Index" より〉

ちなみに、日本の「肥満」（BMI値25以上）人口の割合は、地域差が大きいようです。厚生労働省（平成22年国民健康調査）によると、成人男性（20～69歳）の「肥満」の割合は、上位（1位：沖縄県45.2％、2位：宮崎県44.7％、3位：栃木県40.5％）と、下位（45位：滋賀県23.0％、46位：福井県22.5％、47位：山口県22.1％）では20％以上の差があります。

肥満の人の割合が世界で最も少ない国はベトナムで、肥満率は0.6％です。「なぜベトナム人は痩せているのか」、そのものずばりのテーマで、現役の管理栄養士さんがベトナム食生活に迫った本が出ています（図6-18）。食生活の地域性と自らの習慣を見つめなおす上で参考になります。

※1　http://globe.asahi.com/feature/article/2012050200004.html

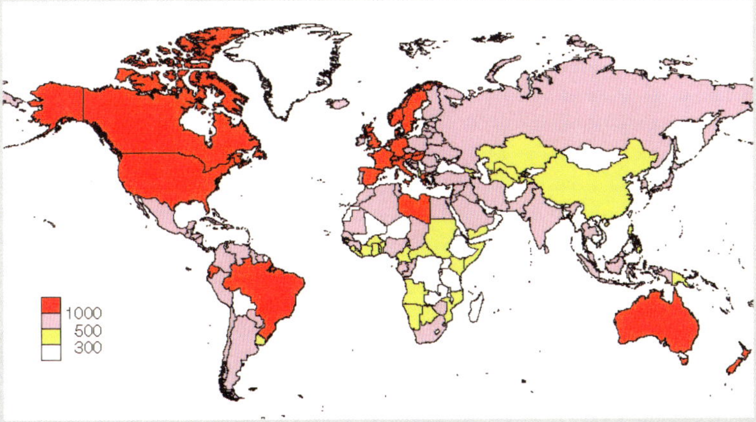

◉図 6-17：砂糖・油脂の国民１人１日あたりの消費量（単位：kcal）
〈世界保健機関（WHO）"Global Database on Body Mass Index" より〉

◉図 6-18：森由香子（2013）『なぜベトナム人は痩せているのか―炭水化物が好きな人のための分食ダイエット』幻冬舎新書

コラム 6

ハザードマップを自作する

自治体が住民向けに配布するハザードマップ。最近は、自治体のWebサイトを開けば、PDFファイルやWeb GISと言われる地図連動サイトから見ることができます。ただ、危険区域や避難所などがびっしりと描き込まれた地図は、決して見やすいものではありません。

国土交通省国土計画局が公開している「国土数値情報ダウンロードサービス（http://nlftp.mlit.go.jp/ksj/）」から、様々な災害リスクの情報（浸水危険区域、土石流危険箇所、人口密集地など）を得ることができます。いわば「ハザードマップの素《もと》」がバラ売り（無料）されていますので、必要なものだけを取り出して組み合わせれば、シンプルでわかりやすい地図を自作することができますし、ハザードマップを自分で作る体験は何よりの防災教育になります。

図1、図2は、私が勤務する学校の生徒と一緒に作った特大ハザードマップです。GIS（地理情報システム）ソフトで地形図のデータを読み込み、その上に標高の色分けデータと、土石流警戒斜面を重ねています。A4用紙約60枚に印刷して、畳2畳分の大きさにしました。

図3は、国土数値情報をGISソフトで加工して、Google Earthで開いたものです。浸水想定の範囲を示すだけでなく、浸水の深さもデータとして取り込んでいますので、「ストリートビュー」機能を使うと、景色の中に水の到達ラインを重ねることができます（図4・5）。このように、学校などが中心となって「オリジナル・ハザードマップ」作りが盛んになれば、防災訓練や地域活動はもっと楽しく、かつ実践的なものになっていくのではないかと思います。

●図1：自作ハザードマップ①

◉図２：自作ハザードマップ②

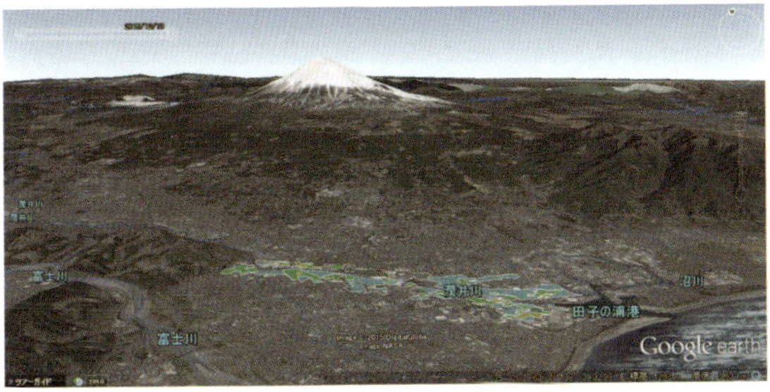

◉図３：Google Earth に重ねた「浸水想定区域」（静岡県富士市 潤井川）

© Google

◉図４：Google Earth で表した想定水深（拡大図）

© Google

◉図５：Google Earth で表した想定水深（ストリートビュー表示）

© Google

◎参考文献

第１章　地図と地理

伊藤智章（2010）: いとちり式 地理の授業に GIS，古今書院, 88頁.

織田武雄（1974）: 地図の歴史（世界編），講談社現代新書, 222頁.

ジョン・ノーブルウィルフォード（2001）: 地図を作った人びと―古代から観測衛星最前線にいたる地図製作の歴史，河出書房新社, 643頁.

竹内正浩（2008）: 地図もウソをつく，文春新書, 198頁.

矢野桂司（1999）: 地理情報システムの世界―GIS で何ができるか，ニュートンプレス, 250頁.

松岡慧祐（2016）グーグルマップの社会学―ググられる地図の正体，光文社新書, 237頁.

大久保修平 / 日本測地学会（2004）: 地球が丸いってほんとうですか？　測地学者に 50の質問，朝日選書, 277頁.

第２章　自然環境を地図化する

小川勇二郎（2010）: 学びなおすと地学はおもしろい，ベレ出版, 187頁.

岸由二（2013）:「流域地図」の作り方―川から地球を考える，ちくまプリマー新書, 156頁.

鬼頭昭雄（2015）: 異常気象と地球温暖化―未来に何が待っているか，岩波新書, 208頁.

木村学 , 大木勇人（2013）: 図解プレートテクトニクス入門，講談社ブルーバックス, 224頁.

島村英紀（1994）: 地球がわかる 50話，岩波ジュニア新書, 210頁.

田家康（2014）: 異常気象が変えた人類の歴史，日経プレミアシリーズ新書, 224頁.

深尾良夫（1985）: 地震・プレート・陸と海―地学入門，岩波ジュニア新書, 228頁.

藤田紘一郎（2003）: ニッポン「亜熱帯」化宣言―そしてグローバル・ウィルスが逆襲する，中公新書ラクレ, 206頁.

松本穂高（2016）: 自然地理のなぜ !?48，二宮書店, 208頁.

水野一晴（2015）: 自然のしくみがわかる地理学入門，ベレ出版, 255頁.

山口嘉之（1990）: 水を訪れる―水利用と水資源開発の文化，中公新書, 228頁.

第３章　産業を地図化する

伊藤元重（2014）: 流通大変動―現場から見えてくる日本経済, NHK 出版新書, 256頁.

川端基夫（2013）: 立地ウォーズ―企業・地域の成長戦略と「場所のチカラ」，新評論, 286頁.

齊藤実（2016）: 物流ビジネス最前線，光文社新書, 214頁.

杉田聡（2013）:「買い物難民」をなくせ！消える商店街、孤立する高齢者，中公新書ラクレ, 265頁.

鈴木敏文（2013）: 変わる力セブン - イレブン的思考法，朝日新書, 193頁.

鈴木俊博（2015）: 稼げる観光―地方が生き残り潤うための知恵，ポプラ新書, 258頁.

武田尚子（2010）: チョコレートの世界史―近代ヨーロッパが磨き上げた褐色の宝石，中公新書, 225頁.

竹本遼太（2016）: コンビニ難民―小売店から「ライフライン」へ，中公新書ラクレ, 228頁.

牧野知弘（2015）: インバウンドの衝撃―外国人観光客が支える日本経済，祥伝社新書, 234頁.

松原宏 , 鎌倉夏来（2016）: 工場の経済地理学，原書房, 247頁.

マルク・レビンソン（2007）: コンテナ物語―世界を変えたのは「箱」の発明だった，日経 BP 社, 448頁.

水野一晴（2016）: 人間の営みがわかる地理学入門，ベレ出版, 293頁.

山口絵里子（2015）: 裸でも生きる―25歳女性起業家の号泣戦記，講談社＋α文庫, 320頁.

山口絵里子（2015）: 裸でも生きる 2―KeepWalking 私は歩き続ける，講談社＋α文庫, 288頁.

第４章　資源・エネルギーを地図化する

小澤祥司（2013）：エネルギーを選びなおす，岩波新書，240頁.

岩瀬昇（2014）：石油の「埋蔵量」は誰が決めるのか？ エネルギー情報学入門，文春新書，254頁.

藻谷浩介（2013）：里山資本主義―日本経済は「安心の原理」で動く，角川 one テーマ 21新書，308頁.

脇阪紀行（2012）：欧州のエネルギーシフト，岩波新書，256頁.

渡邉泉（2012）：重金属のはなし―鉄、水銀、レアメタル，中公新書，278頁.

渡邉泉（2013）：いのちと重金属―人と地球の長い物語，ちくまプリマー新書，204頁.

第５章　生活・文化を地図化する

池上彰，増田ユリヤ（2015）：世界史で読み解く現代ニュース〈宗教編〉，ポプラ新書，249頁.

エマニュエル・トッド（2016）：シャルリとは誰か？―人種差別と没落する西欧，文春新書，307頁.

越智敏之（2014）：魚で始まる世界史―ニシンとタラとヨーロッパ，平凡社新書，237頁.

川島浩平，島田法子，小塩和人，谷中寿子（1999）：地図でよむアメリカ―歴史と現在，雄山閣出版，229頁.

鯖田豊之（1966）：肉食の思想―ヨーロッパ精神の再発見，中公新書，176頁.

C.K. プラハラード（2010）：ネクスト・マーケット［増補改訂版］―「貧困層」を「顧客」に変える次世代ビジネス戦略，英治出版，680頁.

田村秀（2008）：B 級グルメが地方を救う，集英社新書，198頁.

堤未果（2008）：ルポ貧困大国アメリカ，岩波新書，207頁.

吉本佳生（2015）：マーケティングに使える「家計調査」―世界最大の消費者ビッグデータは「宝の山」だ，講談社，298頁.

第６章　人口を地図化する

大泉啓一郎（2007）：老いてゆくアジア―繁栄の構図が変わるとき，中公新書，204頁.

片倉もとこ（1991）：イスラームの日常世界，岩波新書，227頁.

加藤千洋（1991）：中国の「一人っ子政策」―現状と将来，岩波ブックレット，62頁.

河野稠果（2007）：人口学への招待―少子・高齢化はどこまで解明されたか，中公新書，282頁.

白須英子（2003）：イスラーム世界の女性たち，文春新書，248頁.

増田寛也（2014）：地方消滅―東京一極集中が招く人口急減，中公新書，243頁.

森由香子（2013）：なぜベトナム人は痩せているのか，幻冬舎新書，189頁.

矢作弘（2014）：縮小都市の挑戦，岩波新書，272頁.

山下祐介（2014）：地方消滅の罠：「増田レポート」と人口減少社会の正体，ちくま新書，301頁.

◎著者紹介

伊藤智章（いとう・ともあき）

静岡県立高校教諭・日本地図学会学校GIS教育専門部会主査
NPO法人「伊能社中」ティーチング・フェロー

1973年　静岡県生まれ。
立命館大学大学院文学研究科地理学専攻博士前期課程修了
教育現場のニーズを踏まえ、「ほぼ無料」「教科書準拠」をモットーに、デジタル地図を使った教材と、作り方のノウハウを多数発表している。
15年来、生徒からも同僚からも「いとちり先生」と呼ばれ続けて現在に至る。

◎著書『いとちり式地理の授業にGIS』（古今書院：2010年）
◎ブログ「いとちり」（http://itochiriback.seesaa.net/）
Eメール：geo-ito@bea.hi-ho.ne.jp

地《ち》図《ず》化《か》すると世《よ》の中《なか》が見《み》えてくる

2016年9月25日　初版発行

著　　者　伊藤智章《いとうともあき》
装丁・組版　常松靖史［TUNE］
校正協力　曽根信寿
発 行 者　内田真介
発行・発売　ベレ出版
〒162-0832 東京都新宿区岩戸町12 レベッカビル
TEL.03-5225-4790　Fax.03-5225-4795
http://www.beret.co.jp
振替00180-7-104058

印　　刷　三松堂株式会社
製　　本　根本製本株式会社

ISBN978-4-86064-488-8　C0025　　編集担当　森岳人